安心して
絶望できる人生

向谷地生良
mukaiyachi ikuyoshi
浦河べてるの家
urakawabeterunoie

生活人新書
199

NHK出版

DTP製作・校正／有限会社　共同制作社
イラスト／すずきゆうこ（浦河べてるの家）
編集協力／加藤早苗

浦河べてるの家
〒057-0024
北海道浦河町築地3丁目5-21
電話（0146）22-5612
FAX（0146）22-4707
http://bethel-net.jp/

まえがき

浦河（うらかわ）では「当事者研究」という活動が盛んです。「当事者研究」という実践活動は、統合失調症などを抱える当事者が、仲間や関係者と共に、自らの抱える生きづらさや、生活上の課題を「研究者」の視点から解き明かしていくという試みで、浦河という地で生まれた世界で唯一？のユニークなプログラムです。

はじまったのは、二〇〇二年の春です。今まで、「当事者研究」は、さまざまな研究テーマをかかげ、研究活動に取り組み、その成果を社会に公開してきました。

その一つが、看護の専門雑誌への連載です。その連載した研究は、すでに二〇〇五年に『べてるの家の「当事者研究」』（医学書院）として一冊の本にまとめて出版されています。このたびの本は、その続編ともいえるものです。

この「当事者研究」という実践活動に貫かれている理念が「降りていく生き方」であり、今回の本のタイトルになった「安心して絶望できる人生」です。

それは、決して成功とは無縁で、ずっと行き詰まりや苦労の多い人生でも、にもかかわらず安心して生きていこうというべてるの家の歩みの中から培ってきた暮らし方、生き方の姿勢です。

　ここに登場する一人ひとりの悩みや問題は、向き合うだけでも、つらくなるような出来事ばかりです。病気や抱えるトラブルが解消しても、その向こう側には「自分」という一番の壁が立ちはだかっています。

　まるで、病気やさまざまな問題は、自分自身と出会うことを邪魔するかのように、執拗に追いすがってきます。

　しかし、そんな深い闇の洞窟に降りていくような困難な作業も、「研究する」という降り方によって、こころを躍らせる未知の世界への冒険や探検に変わるのです。

　そして、前作やこの本を通じて、誰もが「自分の専門家」となって、身近な人たちと「当事者研究」に関心を持ち、「研究者」の眼を持って、自分自身と社会に眼を向け、暮らしやすい場を創っていこうとする人と人とのつながりが、全国各地に起きることを夢見ています。

もくじ

〈べてるとは〉

べてるの家は 1978年 日赤病院の精神科を退院した回復者2・3名が教会の片隅で牧師夫人協力のもとに昆布作業をしたのが始まりです。今では精神病ばかりでなく、いろいろな障害をもった人が多数活動しています。

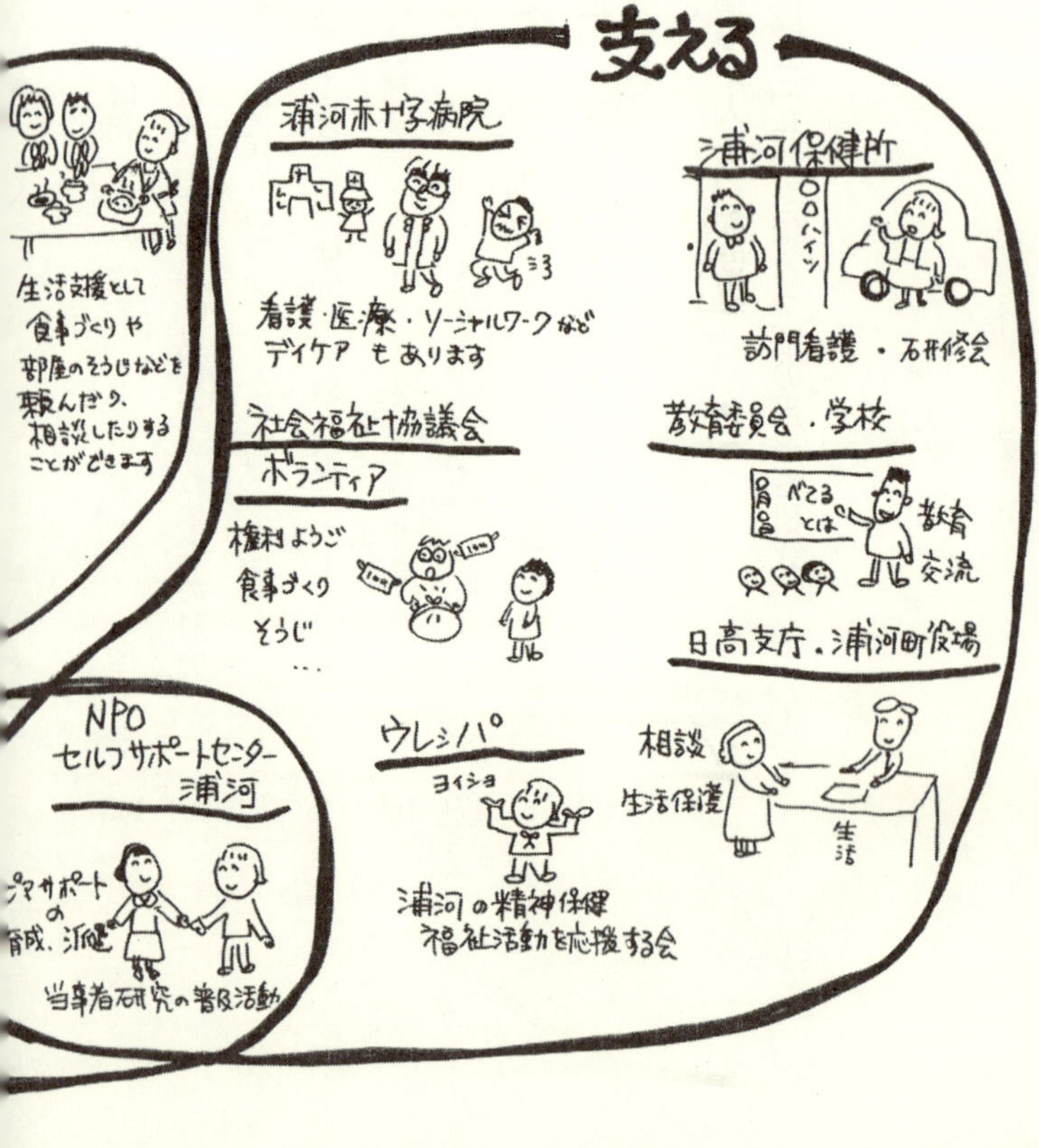

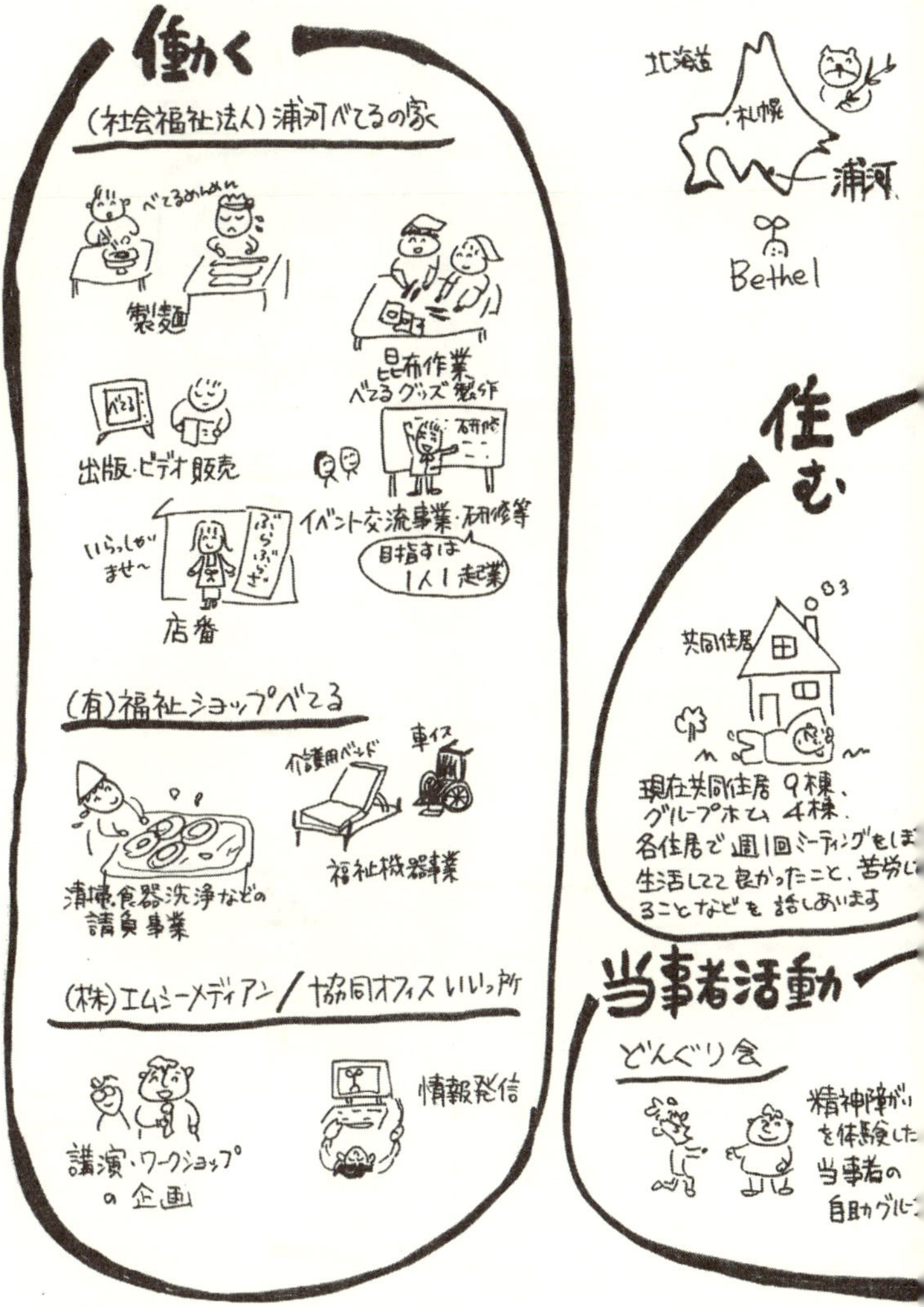

働く
（社会福祉法人）浦河べてるの家
べてるめんめん
製麺
昆布作業
べてるグッズ製作
出版・ビデオ販売
研修
イベント交流事業・研修等
目指すは1人1起業
いらっしゃいませ〜
ぶらぶらざ
店番
（有）福祉ショップべてる
介護用ベッド
車イス
清掃、食器洗浄などの請負事業
福祉機器事業
（株）エムシーメディアン／協同オフィスいいっ所
講演、ワークショップの企画
情報発信
北海道
札幌
浦河
Bethel
住む
共同住居
現在共同住居 9棟、
グループホーム 4棟、
各住居で週1回ミーティングをしま
生活してて良かったこと、苦労し
ることなどを話しあいます
当事者活動
どんぐり会
精神障がいを体験した当事者の自助グル

〈自分を助けるプログラム〉

べてるや日赤病院では、自分を助けるプログラムがたくさんあります。

苦労は人生の大切な宝物。そこに自分を助けるヒントがあります

向谷地氏

金曜ミーティング

毎週金曜日にします。一週間の体調と気分、良かったことを1人1人語ります。「苦労人コーナー」では自分の苦労を語り同じような苦労経験者からアドバイスをもらいます。

体調は夜ねむれなかったので疲れています。気分はまあまあ。良かったことは、仕事に毎日でてこられたことです。

当事者研究

精神科の病気を抱えながら、爆発をくり返したり幻聴さんにジャックされたりして色々なエピソードが起きてしまったとき、「研究」という切り口で楽しく仲間とそのメカニズムを考えたり対処方法を研究したりします。「研究」のためには「実験」が欠かせません。その成果を検証する機会と実際に応用する技術が必要ですがその意味で、当事者の日常とは実に数多くの「問い」にみちた実験の場です。
この研究で大切なことは
「問い」という営みを獲得することです!!

OK?

SST（ソーシャルスキルトレーニング）

（生活技能訓練・認知行動療法）
生活や病気、その背後にある認知や感情の苦労を課題としてあげロールプレイを使いながらコミュニケーションの練習をする場です。

リーダー
練習した人
練習の良かった所は?
大きな声できききやすかったよ
参加者の正のフィードバックが大切です

SA（スキゾフレニクス アノニマス）

統合失調症の仲間たちのミーティング。「回復への8ステップ」を使い、自分の気持ちを話す場。
「まかせること」SAサブステップもあります。

幻聴ミーティング

幻聴で苦労しているメンバーがその状況や対処方法を仲間と話し合い、幻聴の研究をします

幻聴さん
バーカ

他にも「三度の飯よりミーティング」という理念にあるように
たくさんのミーティングがあります。「あじさいクラブ」（子育てミーティング）
「朝ミーティング」（毎朝1時間 体調気分働く時間の申告）ハートミーティング、
カップルミーティング（恋愛 αミーティング）「経営ミーティング」「就労ミーティング」
「ケース会議」「グループホームミーティング」「カンファレンス」など…。

＜理念集＞

- 三度の飯よりミーティング
- 安心してさぼれる職場づくり
- 自分でつけよう 自分の病気
- 幻聴から幻聴さんへ
- そのまんまがいいみたい
- 弱さを絆に
- 場の力を信じる
- 手を動かすより 口を動かせ
- それで順調

- 弱さの情報公開
- 利益のないところを大切に
- 偏見差別大歓迎
- 昇る人生から降りる人生
- 苦労を取り戻す

第一部　自分自身で、共に

——弱さを絆に、苦労を取り戻す

向谷地生良

浦河べてるの家の地域交流と憩いの場「四丁目ぶらぶらざ」。
べてる商品も多数販売中

一・「当事者研究」までのプロローグ

「当事者研究」発祥の地、浦河

浦河町は、北海道の東南にある襟裳岬（えりもみさき）の近くにある太平洋に面した人口一万五〇〇〇人の町です。厳しい寒さをイメージする北海道の中では比較的温暖な気候で、地域の特産物としては、日高昆布とサラブレッドなど競走馬の育成が盛んです。最近は、「脱競走馬」ということで、イチゴなどの園芸作物の栽培にも力を入れはじめています。

そして、隠れ名物といえるものが「べてるの家」だという人もいます。この浦河という町から当事者研究という言葉が生まれて、全国に広がっています。浦河には、最近、海外からも研究者などのお客さんが訪れるので、もしかしたら、これから当事者研究は世界にも発信されるかもしれないと思っています。

第三の産業ともいわれる公共事業も予算が削減され、産業構造の転換が遅れている北海道は、なかなか不況の波から抜け出すことができません。地域の過疎化も加速度的に進む中で、浦河町も漁業資源の枯渇や競走馬の売り上げ不振、公務員削減や事業所の整理統合の嵐が吹き荒れ、ますます人口減に拍車がかかるという状況にあります。この一〇年で、地域経済は半分近くに縮小したという話も聞きます。

そのことからもわかるように、いわゆる障害を抱えた人たちの社会復帰というテーマは、病院や専門機関が、一人の障害者を一定の期間に訓練や治療を施し、回復させて地域に戻すというような単純なものでは決してありません。

特に精神障害を抱えた人たちの場合は、「病気」であると同時に「障害」を抱えているという困難さと共に、スティグマ(差別的ならく印)や誤解・偏見の問題がありります。とりわけ、べてるの家につながる当事者活動がはじまった三〇年前の浦河には、「この町で暮らして一番惨めなことは、七病棟(精神科病棟)に入院すること」という厳しい現実がありました。

しかも精神医療の施策自体が、治療や社会復帰を支援すること以上に、精神科病院における療養という名の「合法的な長期収容」を良しとする現状の中で、精神障害を抱えた当事者が地域の中で生き抜くということは、まさしく八方塞(ふさ)がりの状況にありました。つまり浦河という地域には、他の地域にはない、実にさまざまな困難が地域全体に満ち溢(あふ)れていました。

しかし見方を変えるならば、入院していようが退院していようが、病気を抱えた当事者自身も、地域の抱える課題に対して、一人の町民として、また病気や障害を体験した一人の当事者として、保護されるばかりではなく役割を持ち、貢献できる機会や場を創り出すことが大切になってきます。これは民主主義の大原則であり、エンパワメント（内なる力を取り戻すこと）の面からも欠くことのできない大切な視点でもあります。

精神障害を体験した一人の町民として、この町のためにできることを模索しようというのが、一九七八年七月に活動を開始した回復者クラブ「どんぐりの会」のめざす理念でした。そこには、精神障害を抱える当事者の体験の中には、地域住民が学ぶべき市民としての有用な人生経験、生活や地域の情報が集積されているという信念がありました。

しかし、当時の私たちには、この地域で具体的に何をなしうるか全く見当がつきませんでした。それでも、精神障害を抱えた当事者のみの社会復帰ではなく、「地域全体の回復」のために何ができるかという志が私たちにはあり、そのための模索がはじまりました。

それは、浦河という地域で生き抜こうとする私たちに大きなテーマが与えられたことを意味します。浦河という地域は、その意味で、私たちに多くの「問い」を与えてくれました。地域が抱える「問い」と、精神障害という最も深刻な困難を経験した当事者自身の生きるための「問い」が一つになったとき、この「問い」は、新しい出会いを生み出し、知恵を創出することになるのです。だから私たちは、いい続けてきました。「過疎も捨てたもんじゃない」と。

べてる、それは言葉を生み出す場

浦河で暮らしていると、他では一般的に使わないようなユニークな会話が飛び交うことが多いことに気がつきます。「自分の行き詰まりに手ごたえを感じる」「この困り方は、いい線をいっているね」「悩み方のセンスがよくなってきた」「自分の悩みや不安に誇りを感じる」「最近、落ち方がうまいね」「あきらめ方がうまくなってきた」「悩みの多さに自信が出てきた」「病気のスジがいいね」などの不思議なメッセージが、日常的な会話の中に行きかうのです。

その背後にあるのは、終始生活上のリスクを軽減し、不安や悩みを回避して生きることが、決して安心をもたらさないという経験です。子どものころから、私たちは知らず知らずのうちに勉強をして、いい成績をとって、健康に気をつけて、交通事故にあわないようにと、リスクを回避することが、自ずと将来の安心を獲得できる暮らし方であるような習慣を植えつけられてきました。その意味でいうならば、それから外れた人生は、すべて失敗と挫折の人生ということになります。

私は学生時代に難病問題に取り組んでいました。何万人に一人の割合で発生する希少難病は、治療できる専門の医師や圧倒的な情報量の少なさから、孤立しがちです。当時は、医療と福祉の谷間の問題といわれていました。そんな難病を抱える市民が、連帯して患者会を結成し、医療や福祉の向上に取り組む運動をしていたのです。私は、その事務局にボランティアとして出入りをしていました。その活動の中で知った私と同じ年の難病を抱える青年に、石川正一さんがいました。ご自身、筋ジストロフィーを抱えながら、さまざまな活動を展開されていたのです。

その彼の著作に『たとえ僕に明日はなくとも』（立風書房）という作品があります。その中にこんな父と子の会話場面があります。

「お父さん、恐いから聞くんじゃないよ。お父さん、僕はどのくらい生きられるの……？　正直に教えて欲しいんだ。」

「そうだな……正一、20歳くらいかな……」

「そうか、20歳か……」

「でも、人生は長さじゃないよ。どう生きたかなんだよ。」

「そうだね、元気だと思って、突然事故でなくなる人もいる。しかし、自分は、ちゃんと生きられる時間の長さがわかっている。僕は何と幸運なんだろう。」


つまり、この会話の中に示された場面では、リスクの回避の人生とは正反対の生き方の選択がなされているのです。統合失調症の「サトラレ――自分の考えが多くの人たちに伝わっていると感じる症状」に苦しみ、七年間の引きこもり生活を余儀なくされた経験を持つべてるの家の施設長・清水里香さんも、『べてるの家の「当事者研究」』（医学書院）の中で、こう述べています。

「……苦労の多い現実の世界では自分の居場所を失い、具体的な人とのつながりが見えなくなると、『幻聴の世界』は、どこよりも実感のこもった住み心地のいい刺激に満ちた『現実』になる。それは、つらい、抜け出したい現実であっても、何ものにも代えがたく、抜け出しにくい『事実』の世界だった。

したがってこのテーマは、精神科医に頼んで『被害妄想という症状を治してもらう』というような単純なものでは決してない。なぜならば、それは自分が被害妄想にまみれた『幻聴の世界』で生きることを選ぶのか、それとも、人間関係の苦労をともなう生々しい『現実の世界』で生きることを選ぶのかという『選択の仕方』なのだと考えるからである。つまり、幻聴は時としてさまざまな不快でつらい体験をもたらすが、一方では、先にも述べたようにわたしたちが『依存』している部分もあるからである。

その意味で、わたしたちは、たんなる『被害妄想の被害者』ではない。なぜなら、わたしたちが問われていることは『どの悩みを生きるのか』という〝苦労の選択〟だと考えるからである……」

そして、「選択された悩み」は、決してそのままその人をさらなる不安や絶望に導くわけではありません。それは「生きる時間がわかる」という幸いにもつながるのです。

清水さんは、生きることの虚しさからの逃げ場所として「被害妄想」という世界はあったといっています。しかし、今は、統合失調症を抱えて生きるという想像もしなかった人生が、求めても得られることのなかった人生の足場となって、自分の暮らしを支えているといっています。まさしく「病気に助けられた」人生なのです。石川正一さんは別の箇所で「生きると言うことは、自分を知ること……」ともいっています。

精神障害を抱えて生きる苦労を繰り返す当事者を見ていると、その最大のテーマが「自分を知ること」において生じるジレンマにあることがわかります。実は、「自分を知る作業」というのは、想像以上に苦しさを伴います。自分を知る作業がはじまるのは、いわゆる「思春期」です。子どもから大人へと脱皮する作業は、人間という生き物が延々と繰り返してきた自然の営みであるはずが、いつの間にか「逸脱」や「病理」の世界として括(くく)られ、問題視されるようになってきました。

先日、ある男子高校生から相談を受けました。「医師から統合失調症と診断されて車の免許も、働くこともあきらめなさいといわれたけれど、納得がいかない」というのです。いわゆる発症は、中学一年生のころだといいます。間近に迫った定期試験への不安や家族関係の軋轢(あつれき)を抱えながらの時期だったとのことです。

彼は「試験は、自信がないな」などと自分と向き合うようになり、「自分と話し合うこと」を覚えたそうです。そして、同時に眠れなくなったのです。イライラが高じると、家族ともぶつかり合うことが多くなってきます。母親に暴力をふるったこともあったようです。

そんなことが重なり、家族ともども精神科を受診、間もなく彼は当時の「精神分裂病」と診断され、服薬を開始しました。ところが、薬を飲み始めると眠気とだるさで集中力がなくなり、勉強はますます遅れ始め、「俺は病気じゃない」といい張る彼と主治医の見解との間で板ばさみになる親との間で、対立が繰り返されてきたといいます。

私は、彼に聞きました。「なぜ、自分は病気じゃないということがわかるの?」と。するとと彼は「自分で自分の状態をよく観察して、文献を探したら、保健体育の教科書の中に〝自我の芽生え〟という言葉を見つけたんです。自分は、これだと思ったんです……」

私は、彼の言葉を聞いてすっかり感心してしまいました。「そうか、病気じゃなくて、思春期に起きる当たり前の苦労だということに気がついたんだね。君は、すごい才能を持っているよ。浦河じゃ、君のような人を、悩み方のセンスがいい人っていうんだよ。

べてるの新人オーディションだったら間違いなく〝ドラフト一位〟だよ」

そういうと「ほんとに、そうですか！　僕はじめて人に誉められました！　うれしいです」。電話の向こうにある、彼のはじけるような笑顔が目に浮かびました。そして、彼には、「人間が偉大なのは、自分が悲惨だと知っている点において偉大なのである」というパスカルの言葉をプレゼントしました。

彼は、自分という人間と人生の抱える「悲惨さ」の入口に立ったのですが、中に入ることを許されず、ずっと悶々としてきたのです。今、彼は、遅ればせながらも、正々堂々と歩きはじめたような気がします。

自傷の時代の中で

今の時代は、最も身近な人に刃を向けたくなる、怒りを向けたくなる、自分自身の体に刃物を向けて傷つけたくなってしまう人たちが急増しているといわれます。最も大切にするべきものを壊したくなる。そういうことが今まさに時代のテーマになってきています。その意味で、世は「自傷の時代」といっても過言ではありません。それを自分自身で抑制しようとすると、今度は精神に変調をきたしてしまう。何かものすごい出口を失ったエネルギーが人そのものを掻き回しています。そういう中で人は何か苦しみはじめているという感じがします。

以前、全国ニュースになりましたが、本州のある高校の生徒が同級生を刺してしまうという事件がありました。逮捕された生徒が関係者に話した言葉の中に「自分の中にもう一人の自分がいて、その自分を抑えられなかった」と話しているという報道がありました。もしそれが本当だとしたら、彼はひどい事件を起こしてしまったというよりも、「やらされてしまった」ということができます。

実は、大阪の小学校で多数の小学生の殺傷事件を起こした犯人が、死刑を宣告され、処刑される直前に臨床心理士に語った数少ない言葉の中に、「事件を起こしているときに自分は、心の中で〝誰か俺を止めてくれ！〟と叫んでいた。先生方に羽交い締めにされたとき、もう子どもを殺さなくて済むと思ってほっとした」という内容の言葉を残していたことが、新聞記事になって出ていました。死刑直前の彼の言葉が、もし偽りのない言葉だとしたら、彼も、自分ではコントロールできないもう一人の自分に「させられてしまった」ということになります。

浦河では、そのような生きづらさを「自分のコントロール障害」といっています。そう考えると、先の二人は「最もやりたくないことをやらされてしまった」という意味で、彼らも「一人の犠牲者だ」ということもできるし、それは単純に個人の人格的な問題のみに片づけることのできない、奥深さを持っているといえます。そういう意味で、本来は、助け合うべき家族や人と人との関係の中に、虐待も含めて「自傷的コミュニケーション」が入りこむようになり、それが人の健康や命までも脅かしはじめたというのが、現状だといえるでしょう。

浦河では、「自分のコントロール障害」を標榜するメンバーが、研究班を立ち上げています。その活動から「喧嘩(けんか)の仕方」「起業の研究」「人間アレルギーの研究」がはじまっています。その研究成果が、生きづらさに満ちた今の社会に向けて、新たな可能性を持ったメッセージとして発信されようとしています。

弱さを絆に

そういう中で、精神障害等を抱える当事者の地域活動拠点ともいうべきべてるの家が、多方面から関心を持たれるのには、一つの時代背景があるように思います。しかも、その関心の持たれ方も少し変わっています。

というのは、べてるの家をはじめとする浦河という地域は、北海道でも過疎地にあり、地域的にもさまざまな「悪条件」に囲まれた地域です。その浦河が多くの関係者から注目される理由は、精神障害をはじめとするさまざまな障害を持った人が、病気や障害を克服し、生きいきと暮らしている理想の場所だからではありません。むしろ、べてるの家のキャッチフレーズにもあるように、「今日も、明日も、あさっても、順調に問題だらけ……」といい放つほど、いろいろな苦労が起きてきます。

障害を抱えた当事者たちが、どんどん地域へ出ていって、家庭を作り、子育てにも挑戦しはじめています。家族や関係者の「子どもを育てることは無理だ」というもっともな意見が大勢を占める中で、「遠慮なくどんどん結婚すればいいよ。子どももできればいいよね」といい続けてきました。

「もし虐待したらどうする?」といわれても、「虐待することも恐れるな」といってきました。そんなことで今、浦河は続々カップルが誕生して、運動会ができるほどに子どもの数が増えました。もちろん、ギャンブル依存症のあるメンバーは、「順調」に子どもをほったらかしにしてパチンコに行くというスリップした状態にもなります。しかし、だから、家庭を持つことをあきらめるのではなく、SOSをさえ出す力があれば、十分に生きていけると私たちは考えています。

そんな当事者の貢献？によって、浦河は児童虐待ネットワークの活動も、とても活発な地域になりました。つまり、そのような「問題」を起こさないことよりも、相談する力を身につけることと、浦河流のいい方をすると「弱さの情報公開」が、地域の中で生き抜く大切な条件となるのです。

世は「個人情報保護」の時代です。しかし、個人の持つ情報の中で秘匿すべき情報はごく一部で、ほとんどが地域で暮らす一人の市民の有用な生活体験として共有すべき大切な情報なのです。ですから、早くから浦河ではそこに着目して、「弱さの情報公開――困った体験、失敗の体験、苦労の体験の公開」を提唱してきました。

「弱さ」という情報は、公開されることによって、人をつなぎ、助け合いをその場にもたらします。その意味で、「弱さの情報公開」は、連携やネットワークの基本となるものなのです。それをプライバシーとして秘匿してしまうことによって、人はつながることを止め、孤立し、反面、生きづらさが増すのです。

苦労を取り戻す

もう一つ、べてるの家が大切にしてきた生き方の一つに「苦労を取り戻す」ということがあります。

私は、精神科の専属ソーシャルワーカーとして仕事をはじめて、入退院を繰り返す若者たちと出会ったとき最初に思ったことは、統合失調症を抱える当事者の苦しみは、病気を背負ったこと以上に、「本来の自分らしい苦労を奪われている」ことだと思いました。

人に心配され、保護され、管理される人生ではなく、自分らしい苦労が全うされる人生を取り戻すには、どうしたらいいだろうと考えたときに、商売をするのが浦河の街で一番苦労できることだと思ったのです。過疎化が進む街の中で、地元の商店街も事業所も、みんな苦労をしています。その地域の苦労の輪の中に入ることが、一つの可能性として見えてきました。

少し話はそれますが、私自身の「苦労」の元をたどると、実は私が北海道へ来て学生生活をはじめるにあたって、親に一番最初に頼んだのは「仕送りを止めてくれ」ということでした。仕送りを断って、仕事をしながら自活して、ちょっとサバイバルな人生を過ごしてみたいという思いが、それを決断させました。そんな、少し変わった学生でした。

私自身の「苦労」というコンセプトは、子育てにも表れています。私が自分の子どもに、親としてどういうメッセージを発してきたかというと、「今という時代と、向谷地家に生まれてきた不幸」についてです。「幸せだと思ったら大間違い、現代という時代に生まれたこと自体に、目に見えない不幸を背負っているということを忘れちゃだめだぞ」といい続けてきました。

私が生まれ育った戦後の高度成長の時代とは違った危機と困難が、子どもたちの一人ひとりの足元にあるのだということを伝えてきました。成熟した社会の中で、人は目に見える成長と発展という目標を見失い、「何が大切か」ではなく「気持ちの良さ」を基準に行動し、自分や社会の現実から逃避的な暮らし方を選択しはじめているように思います。

そんな時代の中で、私は「もしお父さんが、子どもの立場で今という時代を生きなければならないとしたら、全く自信がない」ということと、「だから、みんなはすごいなと感心している」と正直に話しました。この思いは、今でも変わりません。

そんな中で、長女が高校進学をひかえて進路の選択を迫られ、「苦労の多いほうを選びたい」といい出したとき、順調に「苦労」の伝統が受け継がれているような気がしました。これは、私の中では、一つの「子育て」という実験の中での出来事だと考えています。この結果は、きっと子どもたちが出してくれるでしょう。そして、子どもが今度親になったときに、この一連の「研究」が、さらにその子どもに引き継がれると面白いと思っています。

それと同様に、精神障害を抱える当事者たちと一緒に活動する中で、一番大事にしてきたのは、苦労することでした。「苦労」に直面すると、人は誰かに相談したり、打ち合わせをすることが多くなります。ストレスで体調を崩すと、周囲の人たちが心配し、病院へ行くことを勧めてくれたりもします。特に商売はそうです。物を売って、そこから利益を得て生活するということは、まさに人とつながっていなければ適わないことです。

今から二十数年前に、浦河という過疎の街で私たちは起業し、日高昆布の産直に取り組み、介護用品の会社をおこして、トータルで年間一億円以上のお金を動かすまでになりました。利益はほとんどありませんが、それでもそれだけのお金を動かし、年間延べ二五〇〇人の足を浦河という地域に運ばせているという意味では、多少なりとも、地域経済の活性化に貢献できていると思います。

そんな起業という苦労の伝統の中に加わった、一番新しいメンバーが「むじゅん社」です。「人間アレルギー症候群」を標榜する四人の女性メンバーがおこした会社です。人と接することに最も弱点を抱えた女性メンバーが、最も人との関わりを必要とする会社を作ったというのが、面白いところです。

子どものころから安心のない家庭環境で育つ中で、人が信じられなくなり、時には自傷行為に及んでしまう経験を持っている人。毎日が虚しくて、いつも死ぬことばかり考えていた人。そして三分間という時間をもらったら、すぐボーイフレンドを見つけてくる才能を持った「魔性の女」を自称するメンバーなどがその中心です。

最初は「商売でもしたら?」という提案に「売るものがない」し、何よりも「自信があるのは、何をやっても長続きしたことがない」という選りすぐりの人材が、最初に見出した「売り物」は、「自分自身」でした。自分自身の苦労の体験が、そのままで、固有の生きる財産となって、事業を下支えしていくのです。そして、みんなの話し合いの結果生まれた、べてる流のキャッチフレーズは、「虚しさを絆に」でした。

つながりの回復を求めて

人の持つ「弱さ」や「苦労」は、決して単純に克服すべきことでも、恥じることでもありません。

私は今、浦河町にある家の他に、仕事の関係上札幌にも小さなアパートを借りています。札幌で暮らして一番違和感があるのは、八世帯が住んでいるそのアパートで、誰一人として表札をかかげていないことです。その中で自分だけが表札をかかげるというのは、逆にものすごく不気味な感じがして、私も出さないことに決めました。そのように、人と関係を切って自分の生活を守る、守りたいという田舎にはない独特の空気を感じます。

反面、リストカットが止まらないとか、被害妄想を抱えて精神科の病院を訪れる人たちに共通しているのが、「孤立感」です。そこには、人とつながりたいという過剰なまでの欲求があります。

しかし、精神障害を抱える当事者が引き起こすさまざまなエピソードは、全く正反対の様相を呈します。それは、いかにも人を遠ざけ、嫌悪し、無関心を装っているように見えるからです。しかし、実は過剰なまでの孤立感が、そうさせているのだということもできます。つまり、当事者は人を拒絶しているのではなく、人とつながり、社会の中での役割を望みながら、それが適わない絶望感の中で「引きこもる」という方法や、自傷的な行為による「自己対処」を余儀なくされている人たちといってよいでしょう。

例をあげると、当事者研究のテーマにもありますが、統合失調症を抱える当事者の中に、「思考伝播(でんぱ)――自分の考えや自分のことが周りに伝わってしまうという感覚に襲われる状態」に苦しむ人たちがいます。いわゆる、ドラマにもなった「サトラレ」です。

自分のプライバシーが、世界中に筒抜けの苦しさに翻弄された経験を持つ人たちが、当事者研究を通じて出した結論は、「サトラレは、〝サトラセ〟だった」ということでした。自分という存在が、誰にも「サトラレない」「知られていない」という孤独感が、一生懸命、「サトラレて困る」という苦労の狭間から見えてきたのです。そうやって、必死になって人に自分を「サトラセている」というからくりが見えてきたのです。

実は虐待という行為でさえ、一種の――自分でも賛成できない――自己対処の一つといえます。そういう手段を用いて、その瞬間、瞬間の自分を助けざるを得ない。それはリストカットをして一息ついている人たちと非常に共通したものがあります。

しかし、「人とのつながり」というテーマは、実は裏側にもう一つの問題をはらんでいます。それは、人とのつながりを求めている人たちの多くは、「人の評価に飢えている」という側面もあるからです。つまり、私たちは、知らず知らずのうちに「人にどのように評価されるか」という基準の中で生きてしまっているからです。

そういう意味で、先に紹介した「むじゅん社」の四人の女性もそうですが、生きづらさのテーマの中心に「人からどう見られるか」という「人の評価」への依存問題が、重要なキーワードになっています。メンバーの多くは、親の顔色をうかがい、周りの評価にとらわれ、自分を殺し、自らの感情を見失ってきたという経験を持っています。

しかし、「評価」をめぐる一番の問題は、その評価が一人の人間の価値や可能性までをも支配してしまうことです。知らず知らずのうちに、「人が人の価値を決める」という構造ができ上がってくるのです。

私自身も、実は子どものときから「こんな仕組みを作る大人って何なんだ」と、子どもながらにいつも思っていました。特に中学になってから、進学、成績、身だしなみと、そういうことで枠をはめてくる大人たちに対して私は非常に警戒し、距離をもってその言葉を受け止めていました。「本気でこの大人たちは、そんなことを考えているんだろうか」。そう思えば思うほど、それに従わないという自己主張をしたくなります。するとその自分の主張に対して、「なぜその枠組みに従わないのだ」というさらに枠組みともいうべき先生の指導というものがなされます。

しかし、私の体の中からにじみ出る抵抗のオーラがやはり先生には伝わったのだと思います。生意気だ、反抗的だといってだいぶ殴られた経験を持っています。同じ失敗をしても、となりの同級生が一発叩かれるところを、私だけ二発叩かれるということもありました。力でもって、学校なりの教育の枠組みに組み伏せようとするその力の前に、中学一年生の私は、全く無力でしたが、そのような経験が、私自身の浦河でのソーシャルワーカーとしての実践に、多少なりとも影響を与えているのかもしれません。

べてるの家のシステムの一番大切なところは、問題探しをして、改善しようとするシステムではなく、「人を信じるシステム」「人を活かすシステム」「他者の評価からの自立のシステム」によって培われていることです。

その場の中では、一人ひとりがいろいろやってつまずいたり失敗しても、そのことに学ぶ主体として尊重されます。必要最低限のルール以外は、支配や管理のない場だということもできます。「変わること」に対して他人が干渉したり、管理しないという仕組みをつくっただけで、人の中に入れなくて、自罰的で自虐的な生きづらさを抱えた当事者が、イキイキと活動をはじめるのです。まるでマジックみたいなものです。

「個人苦」から「世界苦」へ

当事者研究の持つ力の一つに、「個人苦」が「世界苦」へと広がる経験を当事者がするということがあると思います。当事者の感じる孤立感の一つに、自分の抱える生きづらさが、周りの人との間で共有されないという苦しさがあります。

私自身、中学生となり、より大人の世界に近いところで生きることになったときに味わった人間関係の難しさは、私自身の性格や個性を越えた大きな課題でした。それは、教師からの体罰ということもあり、精神的にも非常につらかったことを覚えています。そのため、周りの大人を見て、このような苦労の連続の中で、七〇年八〇年と生きて人生を全うすることが信じられない時代でした。ですから二四時間毎日が憂うつで、「憂い」という文字が頭の中でグルグル回っているような感じでした。

ところが、不思議なことに、八方塞がりの憂いの感覚が、なぜか自暴自棄な感情や生き方につながらずに、やり過ごすことができました。それは、私の行き詰まりは、私個人に偶然起きた身の不幸ではなくて、私自身を越えた「人間のテーマ」として、私は受け止めることができたからです。つまり、青森の片田舎に暮らす私個人のエピソードを越えて、自分の行き詰まり感や苦労はある意味、世界が抱える現実の行き詰まりにつながっていたのです。

「人間って、いつもこうしてぶつかり合い、対立しながら歴史を形づくってきたのか」という壮大なテーマと向き合っている感慨がありました。そう考えると私は、自分の行き詰まりや担任の先生との関係のもつれと不安な感情に、大切な意味を見出し、使命感を感じるようになりました。そして、解決の見通しのないままに壮大なテーマに向き合っている自分を誇らしくさえ感じていました。

「世界の抱える苦しみに自分はつながっている」。その感覚によって、人を活かすという実感をそのときに見出すことができました。それは、別な言い方をすると、人と人のつながり、つまり人間の生きた歴史を取り戻すということです。

当事者研究とは、歴史性の取り戻しの作業へのお手伝いでもあります。自分という人間が、今、ここに生きてあることを支える具体的な人のつながりを蘇らせていく歩みでもあります。当事者研究とは、まさしく悩みを苦労に変え、苦労をテーマに変えていく作用を持っています。

単純に病気だけを治したり、悩みをなくしたりするのではなく、生きづらさを抱えたときに、人とのつながりの中で意味を持ってくる。病気そのものはなくならないかもしれないが、その苦労が意味を持って、全く違った価値を持ってくるという可能性が、当事者研究という活動の中にはあるのです。

あなたの中に知恵がある

私がこの仕事をはじめたときは、精神障害を抱えた人たちが「自分は統合失調症です」と表明することは、タブー中のタブーでした。しかし、精神障害を持つ当事者との関わりを通じて、私はとても大切な生活情報の一つとして、当事者の体験を聞いてきました。とても私だけが聞いておくのにはもったいない貴重な生活情報、つまり、生きること、暮らす上でのたくさんの知恵が詰まっている。

そういう意味で、プライバシーという形で大切な生活情報を閉じこめておくのではなくて、むしろ、市民に向かって語っていこう、情報の提供をしていこうということを大切にしてきました。たとえば、最近では、農家の人たちが野菜に名前や産地を紹介するということをしていますが、浦河では昔から、日高昆布の産地直送をする際に、販売部長の早坂潔さんの顔と名前と一緒に昆布を販売していました。

今は、個人情報保護という名の下に、大切な生活情報も含めて一方的に守ろうとする傾向が強まっています。ですから、閉ざそうとするのではなく、とても大切な市民の情報の一つとしてお互いに伝え合う、こういうときにこうすればいいんだよ、ああすればいいよ、こういうときはこうしようよという自分たちの大切な経験と知恵を、専門家の手から取り戻すことが、大切になってきます。

回復や暮らしやすさの生活情報を持っているのは常に専門家であって、当事者はお金を払って専門家のところへ行って、指導を仰いだり情報をもらったりすることが当たり前になっています。しかし、浦河で大切にしてきたことは、あなたたちの中に知恵がある、その知恵を伝え合う。そこから場全体が豊かさを取り戻すということです。そして、その延長上に当事者研究というものが、生まれてきたのです。

面白いことに、専門家が研究したアプローチよりも、当事者の研究したアイデアはその日から仲間の役に立ちます。しかし、これは、決して専門家との決別や、当事者だけの活動を主張することではありません。本来の関係を取り戻すということなのです。

非援助の援助——助けないという助け方

「当事者研究」を育んだ浦河での精神障害を抱えた当事者を支援する理念の一つに、「非援助の援助」という考え方があります。この非援助の援助、いわゆる「助けないという助け方」や関わりが、どのようにして浦河に根づいてきたのかを紹介したいと思います。

私がソーシャルワーカーとして浦河で仕事をはじめたのは、一九七八年の四月です。その浦河で私が見たのは、想像もしなかった北海道という地域の現実でした。まるで戦後間もなくのころのような昔ながらの貧しさが、浦河の田舎に行くと残っていたのです。

地域の人たちには〝逃亡兵〟といわれていた六〇代の男性は、河原に横穴を掘って暮らしていました。その後、集落の人たちが、みんなで同情して板きれだとか柱だとか持ち寄って小さな小屋を建ててあげ、電気も水道もない中で、雨水をためて暮らしていました。また、浦河は先住民であるアイヌ民族の人たちが多いのですが、地域の中で代々アルコール依存症によって、家族崩壊を繰り返してきた人たちが多く、今にも崩れるのではないかというような家屋に、年老いた夫婦が身を寄り添って暮らしていました。私にとってその現実は、衝撃でした。

そのような中で、私は、地域の保健婦さんに「この町で一番苦しんでいる人、一番困っている人を紹介してください」と頼みました。すると子沢山のAさんの家族を紹介されました。Aさんはアルコール依存症で奥さんがアイヌ民族の出身の方でした。するとAさん一家の周りにはたくさんのアルコール依存症の人たちがいて、苦しんでいることがわかりました。毎日のようにあちこちで酒による暴力沙汰が起きていたのです。そういう中でたくさんの子どもたちが育ち、お父さんが酒を飲んで暴れはじめると、子どもたちは皆、奥の部屋に避難して嵐が過ぎ去るのを待つという生活を、当たり前のようにしていました。

その現実を目の当たりにした私は当時、「いつでもどこでもいつまでも」というキャッチフレーズをかかげて懸命に家庭訪問に励みました。Aさんの家族は、酒を飲み暴れる父親の影響で地域からも孤立し、子どもたちは夜尿症や学業成績の不振に陥っていました。そこで、私は、安月給の中から九人乗りのワンボックスカーを買いこみ、教会の牧師さん等に協力していただいて、土曜学校という子ども会活動をはじめました。そして、一方では、家族からのSOSに一年中走り回るという生活がはじまったのです。

私の非援助論のルーツというのはまさにここにつながります。毎日毎日、家族から「父さんが酔って暴れている」というSOSの電話が入ると駆けつけました。そして、泥酔状態の父親をなだめるという作業がはじまります。私のなだめ方は酒を飲ませるのです。酔ってクダをまく父親に「もう父さん、わかったわかった、ゆっくり座って酒でも飲みなさいよ」といって、焼酎を並々と注ぐのです。

そんな父さんから「今まで酒をやめろという人は山ほどいたけれど、俺に酒をついだのはおまえがはじめてだ」といわれました。面白いことに「さあ飲みなさい」といって酒を注ぐと、飲んでいる父さんは「俺を殺す気か」といいました。その噂は、あっという間にアル中さん仲間に広がり警戒されるようになりました。「向谷地に酒を注がれるようになったらお終いだ。先が短い」と。

私は、とにかく足を使って通い、相談に乗り、必死になって子どもを支えようと考えました。しかし、現実はそう甘くはありませんでした。Aさんの飲酒は留まるどころか、ますますエスカレートしていきました。次第に蓄積する疲労感の中で私は、ワーカーとしての自分がいろいろ力を尽くした結果、アル中さんたちが酒を止めるという私の中のシナリオのおかしさに気がつき、「私は何を助けているんだろう」と考えるようになりました。

しかも、奥さんから「父さんがまた暴れているから来て!」といわれて、毎日毎日駆けつけて、夜中の一時二時まで夫婦げんかの仲裁をしているうちに、不思議なことに奥さん同様の怒りや憎しみが私の中にも、次第に頭をもたげるようになったのです。奥さんと同じ気持ちで「この父さんは憎たらしい」と思うようになったとき、「これはいけない」と私は思いました。

深夜に及ぶ家庭訪問と、新人ワーカーとしての慣れない職場での人間関係の軋(きし)みとが重なっていた時期でもありました。私は、Aさんの家族以前に「自分自身をもっと助けなくてはいけない」と考えるようになりました。緊急の家庭訪問で、喧嘩の仲裁中に激しく殴られるということも重なり、私の「助ける」という援助観は、根本的な変更を余儀なくされるのです。

それは、「任せる」ということでした。私は、当事者を信じていなかったことに気がついたのです。私の援助の結果、回復し、立ち上がるのではなかったのです。つまり、回復という作業の主役は、酒を飲んでいる当事者自身だという当たり前のことに気がついたのです。このテーマの前には、誰もが無力なのです。しかし、不思議なことに、無力さに気がつくときに、その場には、新たな人を活かす力が生まれます。

「べてるの法則」というものがあります。病院は病気の悪いところを治そうとします。いわゆる「医療のモデル」といわれているものです。最近は「希望指向のモデル」が着目されていて、悪いところではなく健康的な部分に着目し強めることを大切にします。

それに対して、「べてるのモデル」というのは、「問題」といわれていることが役に立ったり、有利だと思われることが、マイナスに作用する世界だということができます。高い学歴がその人のハンディになり、多くの財産がその人の足かせになることもあります。べてるの家の設立メンバーであり、自己病名「精神バラバラ状態」の販売部長・早坂潔さんは、三分しか集中力が続かないから、多くの仲間が集まって、一つの職場ができたのです。

「べてるの法則」では、「弱さと弱さ」が集まると「強さや優しさ」が生まれます。強さと強さの結合は、最も脆い組み合わせです。強さと弱さが集まるとちょっと〝いい加減〟になります。私たちの非援助論の根底に流れる私たち一人ひとりが持つ無力さ、専門家の無力、家族の無力、当事者の無力、これがうまくつながり合ったときに、大きな力が生まれるのです。

べてるウイルス感染症

べてるの家を訪れる人の多くは「また、来たくなる」といいます。つまりリピーターとなるのです。何度も足を運ぶ人も珍しくないので、そのような人を、「べてるウイルス」に感染した「べてらー」というようになりました。

べてるウイルスに感染した〝気の毒な〟人たちの主症状は、「反転症状と無力症状」といわれるものです。具体的には「病気なのに心が健康になってくる」ということが起きてきます。ですから、精神障害というのはいわゆる「心の病」といわれるのですが、決して「心の病」だと私は思いません。むしろ、健康的な人が多いように思います。

つまり精神障害を持っていることと心が健康になるというのは矛盾しないのです。逆に、精神障害という病気がないのに心が不健康な人はたくさんいるような気がします。そういう意味で、病気と心の健康は決してイコールではないのです。

次なる症状は「貧乏なのに豊かになっていく」ということです。早坂潔さんは、懐具合はいつも金欠なのですが、けっこう豊かな暮らしができています。潔さんは貧乏になってから飛行機に乗る回数が増えたといっています。

三つ目は「過疎地なのに商売が繁盛する」ということです。浦河は北海道の中でも有数の過疎地域といってもいいぐらい地域経済はきびしいのですが、お陰様でべてるは繁盛しています。岡本勝さんという六〇代のメンバーは、いつも町をブラブラと散歩して歩いています。いつも彼はつぶやきます。「どこがよくてこの浦河にみんな来るだべなあ」って。私はいいます。「岡本さん、あなたがいいんですよ」と。

過疎地でも商売が繁盛するコツは、場所ではないのです。人なのです。「関係」で商売というものが成り立つのです。その関係の前では、病気を持っていることもハンディにはなりません。逆に、新しい事業につながるきっかけにもなります。メンバーの体験が出版につながったり、潔さんの自己病名である「精神バラバラ状態」が、そのまま不ぞろいの昆布の再活用につながり、潔さんになぞって「バラバラ昆布」という商品名になりました。「バラバラ昆布」というネーミングはヒットし売上も大きく伸びました。

四つ目は「なんにも解決していないのに解消される」という作用です。病気も治っていない、問題も解決していないにもかかわらず解消されるということが起きてきます。

医者は「治せない・治さない医者」になってしまいます。浦河赤十字病院の精神科医・川村敏明先生は、「治すのをあきらめた」ということをよくいいます。治さなければならない、治そう治そうとする、そういう勢いを持った医者ではなくて、むしろこの人たちが持っている力を信じたところで自分の役割を果たせる医者になるというのが、川村先生のめざす精神科医の理想の姿なのだそうです。

同様に、ワーカーである私は「相談されることよりも相談する」ことが多くなりました。これも、代表的な反転症状です。私は日頃、当事者に相談することが実に多くなりました。

五つ目は「あきらめることが上手」になることです。先日、ＮＨＫの教育テレビで言葉に関する番組を見ていた一人のメンバーが、私の携帯に電話をくれました。「向谷地さん、〝あきらめる〟っていう言葉の語源を今テレビでやってたよ。あきらめるってね、元々の言葉は〝あきらかに認める〟っていうことなんだって。それが短くなってあきらめるなんだって」

べてるには、何人もあきらめの達人がいます。その一人が清水里香さんです。彼女は、あきらめることに関して、このように書いています。

「『ダメなままの自分を受け入れよう』とこだわることもやめ、『あきらめるしかない』と思い、いままで自分が必死にしがみついていた手綱を手放したとき、手放したことで自分にマイナスになるものが何ひとつないことがわかったのである。

〝あきらめる〟というと、すごく大切なものをいろいろと捨てるような感じがする。苦しんでいるときは、『ダメな自分のままでいいんだ』ということを受け入れられない自分に、無性に腹が立っていた。しかし、『ダメなままの自分を受け入れられない』ので、悪戦苦闘の結果として『悩むことをすべて放棄する』ことにしたのである。そういう遠回りをして、やっと『ダメな自分のままでいいというのは、こういうことか！』とわかるようになった。

あきらめること——それをべてるでは、生き方の高等技術としてとても大切にしている。いまでは、現実に起きていることを明らかにしてそれをすべて受け入れることなのだと思っている。あきらめることとは、はじめの一歩に立つことである。そのことを、話したり講演に行ったり、実際に生きている人たちの姿を見ているうちに実感できるようになった」（『べてるの家の「当事者研究」』医学書院より）

六つ目は「することよりもしないことが上手」になってきます。これは家族の方や、援助者としての仕事をする人たちにとって大切なセンスの一つです。

七つ目は「絶望するほど誉められる」ようになります。そのときに、「君の行き詰まり方って素敵だね、とってもいいよ」といってもらえるわけです。

八つ目は、どんどんいい加減になってきます。「信じることとの先取り」と私たちはいっています。計画的に、順序よく物事を進めるということに依存している人たちは、べてるに来たらきっといたたまれなくなります。「朝令暮改」という言葉は、べてるのためにある言葉といってもいいくらい、べてるは「無計画」です。

しかし、別な言い方をするならば「臨機応変」なのです。いつどんな出会いがあるかわからない。つまり私たちが決めたこと、私が思ったことに、あまり執着しません。なぜならば、私たちが決めること、私たちが目標とすることは、所詮は移ろいやすいもので、私たちは、自分たちが弱い者であることを知っています。同時に、人との出会いや与えられたものの確かさを私たちは知っています。

ですからそれを信じる形で、そしていろんな壁にぶち当たったときにも、どんな行き詰まりを感じたときにも、どんなに目の前の現実に希望を見出せなくなってしまうようなときでも、きっとそのことが何かまた新しい意味を生み、新しい人のつながりを生むはずだということを、もう先に信じてしまう。

決して心の底から信じなくてもいい、いい加減でもいい。もうほんとに口先だけでもいいから、信じてしまったほうが勝ちみたいな、そういういい加減な信じ方、確信のない信じ方、決して実感のない信じ方、そのようないい加減な信じ方をしてしまうということを、私たちは大切にしてきました。実は、当事者研究も一つの信じ方だといえるし、当事者研究の大切なエッセンスだといえます。

二、べてるの家の「当事者研究」

はじめに—「当事者研究」とは何か

「研究」という言葉には、不思議な響きがあります。一般的に「研究」とは「よく調べ考えて真理をきわめること」(『広辞苑』)を目的とした一連の取り組みを指します。研究を職業とする人は、物事の奥義を究めようとする「研究者」として一目置かれます。

しかし、浦河では、いつのころからか「研究」という言葉は、きわめて日常的な言葉として使われてきました。統合失調症をはじめとする精神障害を抱えながら生きようとする中で起きてくるさまざまな苦労や行き詰まりが頂点に達したときに、「どうしたらいいか、一緒に研究しよう」という言葉によって、それまでの現実の苦しさや関わりが、一瞬のうちにゆるみ、少しだけ生きていけそうな気分になるからです。

一人だけで抱える孤独な作業が、「研究しよう」という言葉によって、いつの間にか共同作業に変わるのです。つまり、「こだわり」や「とらわれ」の歯車が、自分の抱える苦労への興味や関心となって、観察者の視点を持って自分自身の抱える生きづらさに向き合う勇気へと変えられるのです。

浦河の中で日常的に使われていた「研究」という視点が、統合失調症などを抱える中で起きてくる「爆発」や被害妄想と向き合うための「自己研究」になり、さらにはそれが、「自分自身で、共に」というキャッチフレーズが生まれたように、より人とのつながり――「研究」の共同性を重視する要素を取り入れて、「当事者研究」へと進化をしてきました。

浦河では、研究という作業が、頭が良くて、研究熱心で、専門分野の知識に長けている特別な人たちのものから、日常生活における一つの暮らし方ともいえるレベルで活用されはじめたとき、新しい可能性を持ちはじめたような気がします。つまり、私たちは暮らしていく上で、実は毎日のように自分の経験や知恵だけでは解決困難な場面に直面しながら生きています。その意味では、私たちは「研究の素材」には事欠かない中で暮らしていることになります。

しかし、従来は、生活の中で起きてくる困りごとや行き詰まりは、その道の専門家に相談するというのが常でした。特に統合失調症等の精神障害の場合は、なおさらです。

そんな専門家任せの時代から、精神障害を抱えて生きてきた自分の経験と、困難を抱えているその場の中に、実は、さまざまな生き方のヒントが眠っているということに気がついたのです。それは、精神障害を抱える当事者にとっては、社会的な支援体制も皆無で、安心して暮らせる条件に乏しい浦河だからこそ、育まれたともいえる当事者活動の賜物（たまもの）なのです。

「自分自身の経験の中に、さらには仲間の経験の中に、そして一人ひとりの人生の中に、たくさんの生きるための経験や知恵がある」という気づき自体は、決して珍しいものではありません。昔から、人は、そのような知恵を受け継ぎながら生きてきたのです。しかし、いつの間にか、人びとは知恵の受け継ぎと経験をつなぎ合わせるという営みを忘れてしまったのです。

ですから、当事者研究の意義とは、統合失調症など精神障害を抱えた当事者自身が、自らの抱える固有の生きづらさと向き合いながら問い、人とのつながりの中に、にもかかわらず生きようとする「生き方」そのものということもできます。それが「自分自身で、共に」という当事者研究の理念に反映されています。

つまり、当事者研究とは、生活の中で起きてくる現実の課題に向き合う「態度」であり、「人とのつながり」そのものであるといえます。ですから「当事者研究」という営みは、決して、単一の問題解決をめざす方法論——問題解決技法——ではありません。そして、毎日、どこでも、どの場面でも「当事者研究」は取り組むことができ、形や方法に縛られることなく、一人でも、ワークショップのような大人数のグループでも、可能になってきます。

その積み重ねの中で、毎日の生活の中に「研究」の成果が根を下ろし、思わぬ形で具体的な生活課題の「解消」もはかられることで、現実が今より生きやすくなり、生活の質の向上につながります。

「悩み」を「テーマ」に

浦河という地域からはじまった、浦河の中で暮らしていく上で出会うさまざまな苦労や生きづらさを、「研究」という視点から見直すようになったのが、いつごろかは明確ではありません。しかし、少なくとも私の中では、中学生のころからそのような習慣ができ上がっていたように思います。

中学生のころ、同級生や教師との人間関係に行き詰まり、とことん追い詰められた気分になったとき、「自分は〝悩み〟を抱えているのではなく、人間関係という大きな〝課題〟に直面しているのだ」と考えるようにしたのです。自分は〝悩み〟を抱えているのではなく、大きな〝テーマ〟を与えられているのだと考えると、不思議なことに行き詰まりを抱えている自分自身に対して、誇りを感じるようになったのです。

態度を変えただけで、何も問題は解決せず、相変わらず苦労が続いていながらも、自分が損なわれない感覚を覚え、「行き詰まり」という自信を持つようになったのです。そして、人間関係という人とのつながりの上で起きてくる予想外のさまざまな軋轢(あつれき)や行き詰まりの延長上に、政治や経済の仕組みやルールがあり、その究極の破綻が戦争であると考えるようになりました。

当時の世相は、泥沼化するベトナム戦争と全国に吹き荒れる大学紛争で社会は騒然としていました。そんな時代の空気の中で、一〇代を過ごしていた私にとって、私個人の行き詰まりは「世界の行き詰まり」につながって見えたのです。一〇代の鋭い感覚で考えると、教師の体罰に打ちのめされる自分自身と、ベトナム戦争で爆弾の嵐の中を逃げ惑う子どもたちの現実は、見事に一体化し、今という現実を生きることは、ベトナムの子どもたちとの観念的な連帯へとつながっていったのです。そういう感覚に満たされたとき、私は、自分の行き詰まりに誇りを感じ、不安や危機の中で、意味を見出すようになりました。

テーマを持つということは、そこに「問い」が生まれます。究極の問いは、「自分が何のために生きているのか」という問いです。その問いを持つことなく生きている人はほとんどいないと思います。その「問う」という営みに、一つの根拠を与えてくれたのが、一八歳のころ読んだ伊藤整の小説「青春」でした。伊藤整は、その小説の「まえがき」で、次のような言葉を残しています。

「人の生涯のうち、一番美しくあるべき青春の季節は、おのずから最も生きるにむずかしい季節である。

神があらゆる贈り物を一度に人に与えてみて、人を試み、それに圧し潰されぬものを捜そうとでもしているかのように、その季節は緑と花の洪水になって氾濫し、人を溺れさせ道を埋めてしまう。

生命を失うか、真実を失うかせずに、そこを切り抜ける人間は少ないであろう。

人の青春が生に提出する問題は、生涯のどの時期のものよりも切迫しており、醜さと美しさが一枚の着物の裏表になっているような惑いにみちたものだ。

モンテーニュが〝人は年老いて怜悧に徳高くなるのではない。ただ情感の自然の衰えに従って自己を統御しやすくなるだけである〟と言っているのはたぶんある種の真実を含む言葉である。

青春には負担が多すぎるのだ。

しかも、その統御しやすくなった老人の生き方をまねるようにとの言葉以外に、どのような教訓も青春は社会から与えられていない。

それは療法の見つかるあてのない麻疹のようなもので、人みながとおらなければならぬ迷路と言ってもいいだろうか。

もし青春の提出するさまざまな問題を、納得のゆくように解決しうる倫理が世にあったならば、人間のどのような問題もそれは、やすやすと解決しうるであろう。

青春とは、とおりすぎれば済んでしまう麻疹ではない。

心の美しく健全なひとほど、自己の青春の中に見いだした問題から生涯のがれえないように思われる。

真実な人間とは自己の青春を終えることのできない人間だと言ってもいいであろう」

伊藤整のこの言葉は、「問う」という営みの根拠と共に、「問い続ける」ことの意味を私に指し示してくれたような気がします。以来、私は「悩み」を「苦労」として受け止め、「問題」を「テーマ・課題」として考える習慣を持つようになりました。

本領を発揮したのが、ソーシャルワーカーとして精神医療の現場で仕事をするようになったときです。毎日、相談という形で、波のように押し寄せる当事者や家族の「悩み」やトラブルの中に身を置きながら、できることは解決よりも、一緒に考えることや、知恵を出し合うことであり、それでも、とことん行き詰まりを感じたときには「テーマが一つ増えた」という感覚で、一時、棚上げすることでした。それは、今でいえば一種の「外在化」です。

「一人一研究」との出会い

問題のテーマ化という作業を、本格的な「研究」という言葉に具体化するきっかけになったのが、企業家との出会いでした。一九八四年四月にべてるの家が正式に発足する一年ほど前から、実は浦河にある古い教会堂——浦河教会旧会堂、後のべてるの家——は、事実上数名の当事者の共同住居として活用されていました。

その中の入居メンバーである早坂潔さんを中心に、日高昆布の袋詰めの下請けをはじめていました。本当に拙ない船出でしたが、気持ちは「起業」の一歩でした。スローガンは「社会復帰から社会進出へ」です。従来の福祉や社会復帰の枠組みから脱却し、一つのビジネスを立ち上げた心意気でした。

もちろん、仕事に従事する人たちは、みんな統合失調症などの精神障害を抱えた当事者です。長続きもしません。すぐ、わけがわからないうちに調子が悪くなったり、やる気が出なくなったりします。そんなメンバーが集まりながらも昆布の仕事が継続し、その後、下請けを脱却して自前で産地直送をするまでになったのは、常に、現状を問題として考えるのではなく、「安心してサボれる会社づくり」という理念にあるように、現状を受け入れながらも、仕事を継続する方法を、常に「研究」することを怠らなかったからだと思います。そのような姿勢が、地域や全国各地の企業家との出会いをつくっていきました。

その出会いの中で一九九〇年ごろだったように思います。新潟で地域づくりコーディネーターをされている清水義晴さんと出会いました。清水さんは、過疎化が進む浦河の町で、精神障害を体験した当事者たちが、街づくりの一環としての起業に挑戦している姿に注目し、現在もさまざまな形で応援してくれている支援者の一人です。

その清水さんが、かつて印刷経営をしているときに「一人一研究」という実践を取り入れ、掃除のおばさんは「掃除の仕方」を研究し、印刷に携わる社員は、「どうしたら鮮やかな色を出せるか」の研究をして、一年に一回発表していたということを知らされました。以来、べてるの家のメンバーの仕事に、「一人一研究」の要素を取り入れて、販売の工夫や、新製品の開発の中に「研究」的アプローチが取り入れられていきました。

「当事者研究」の誕生

先に紹介したように、自分たちの抱える生きづらさや生活上の起きてくる問題を、「研究」という枠組みに変えて担う中で、それは次第に「当事者研究」へと発展していきました。その直接のきっかけは、統合失調症を抱え、「爆発」を繰り返す一人の青年との出会いでした。彼は、幾多の「爆発」と、それをきっかけとした強制入院を繰り返し、家族ともどもに疲弊しきった中、藁にもすがる思いで、浦河に相談にやってきたのです。そして、彼は浦河に転院することになったのです。

しかし、浦河での入院生活でも、やはり同じことが起こるようになりました。入院中にもかかわらず、新作のゲームソフトの購入をねだる電話が、頻繁に両親にかかるようになったのです。両親の脳裏に浮かぶのは、かつて繰り広げた恐怖の悪循環でした。ゲームソフトの購入を断ると、彼は決まって暴れたからです。渋々、お金を与えたとしても、そのゲームは一日遊んだだけで、また、別のゲームソフトを要求するというようになっていきました。

それればかりではありません。要求はますますエスカレートし、入院中にもかかわらず父親に〝寿司が食いたいので差し入れてほしい〟という電話をかけるようになりました。「寿司」の要求は、爆発するための「仕込み」ともいえる行為で、彼の常套手段でした。父親も最初は、怒りや不満を押し殺して黙って差し入れてきました。しかし、堪忍袋の緒が切れた父親が、「入院中は、病院の食事で我慢できないのか」といった途端、彼は逆ギレして病棟の公衆電話の受話器を壊してしまったのです。

夕方の六時を回ったころだったように思います。お父さんから電話がかかってきました。「息子が、また、病棟でキレて電話機を壊してしまいました。一体、何を考えているかわからなくなってしまいました。浦河に多少望みを託してきたのですが……」。お父さんからの電話の後に、私が病棟に電話をして状況を確認すると、受話器の耳にあてる部分が粉々になって砕けてしまったということでした。すでに、この場面は、別な著書で紹介しているのですが、あらためて引用します。


「彼は、まもなく重い足を引きずるような足取りでやってきた。表情は能面のようにこわばっていた。部屋に入るなり、立ち止まってとまどう彼を、相談室の面談コーナーに誘い、向き合って座った。

『河崎君、大変だったね。川村先生の予想どおり、順調に苦労がはじまっているね……。』そう言うと、彼はむっとした表情で『これは、順調な苦労なんですか?』とこちらをにらむように聞いてきた。『そうだよ。決して予想外ではない。これが順調な苦労なんだよ。こんなはずじゃなかったと思っているかもしれないけれど、残念ながら、これは順調すぎるほど順調なんだよ。つらいときや困ったとき、どうしても今まで使い慣れた得意な方法に依存してしまう。でも、それが一番使いたくない方法だとしたら、ほかの方法を見いだして、得意にならなくてはいけない。河崎君が、君自身を助けたくても、今は、助け方がわからない状態だと思う。きょうのやり方は、河崎君自身に対してもっとも申しわけないやり方だね。きょうは、だれに一番あやまりたいと思う?』そう問うと、彼は『両親と川村先生……』と答えた。

『僕は、先生や親にあやまるまえに、本当に土下座してでもあやまるべきは、君自身だと思うよ。自分にあやまる。自分を助け、励ますことをしないうちに自分をおろそかにして、まわりの人間にあやまるのは順序がちがうと思うけど……』

河崎君は、散々言われてきたことが、ようやく飲み込めたという表情をして『わかった』といって唇をかんだ。『河崎君、この爆発のテーマは、君自身の欠点や弱さをいかに克服するかという問題ではない。極端に言えば、世界中の爆発に悩む仲間をいかに救出するかというテーマでもあるし、河崎君自身がこのテーマを通じて、多くの人たちとつながるチャンスでもある。そこで提案したいんだけど、仲間といっしょに爆発をテーマにした研究をしてみないかい……』『え、研究ですか。それはおもしろそうだね。僕は実は研究者にもなりたかったからね。』

そのあと、彼は思い立ったように言った。『向谷地さん、悪いけど僕は〝爆発〟はやめないからね。爆発は必要なんだよ。ただ、爆発の仕方の問題なんだよね。』そう言われたとき、知らないうちに彼の爆発をやめさせたいという私自身の魂胆を読まれた思いがした。『さすがは河崎君だね。もう立派な研究者の顔になっているね』と言うと、ようやく彼の表情に笑顔が戻った」（『「べてるの家」から吹く風』向谷地生良著　いのちのことば社）

当事者研究――〝爆発の研究〟は、このような一番困難な現実からスタートしたのです。

専門家の役割と「当事者研究」

浦河で始まった「当事者研究」は、看護の専門雑誌に連載され、『べてるの家の「当事者研究」』として出版されたことを通じて、精神医療やケアの現場に、反響を呼ぶようになりました。特に統合失調症の病気を抱える当事者の中には、いまだに病名も、飲んでいる薬の名前も効能も知らされずに、全く受け身の医療の中で、「統合失調症患者は、自分が病気であることの病識を持てない」という理解の下で、保護的、管理的なケアに埋没している人もいます。

ところがその当事者自身が、「自己病名」という自分の実感を基につけたオリジナルな「病名」をかかげ、起きてくる症状や人間関係をも含む、さまざまな生活上の生きづらさについて、仲間と共に「研究」活動をはじめ、切実な問題を解明・解消していこうとする試みは、臨床における「専門家」の役割に根本的な発想の転換を促すことになったという見方もあります。

しかし、よく考えると、むしろ「専門家が自分たちの本来の役割を見直すきっかけになった」というのが、本当だと思います。西洋医学の祖といわれたヒポクラティスの残した言葉の中にも、「身体には自然治癒力がある」(『ヒポクラテスの西洋医学序説』常石敬一訳 小学館)とあるように、人を治療・援助するためのあらゆる手段に共通しているのは、「当事者自身が持つ回復しようとする力を認め、信じること」といっていいと思います。それが、いつの間にか、専門家お任せ状態になっていたのです。

実は、精神科病棟専属のソーシャルワーカーとして配属された私が最初に感じたことは、「囲」学＝囲い込まれて・「管」護＝管理されて・「服」祉＝服従する、という構造の中で、本来の医療の目的が歪められているということでした。

私たちソーシャルワーカーの援助の基本的な考え方の中に「自助の援助」という言葉があります。これは病気や障害を抱えた人たちが「自分を助ける――セルフ・ヘルプ」ことを助けるという原則です。これは、先ほどのヒポクラティスの言葉にも似ていて、本来、当事者自身が持っている主体的な問題解決能力を十分に発揮できるように、側面的に援助していくことの大切さを説いたものです。それは、私たちの援助やケアは、困難に直面した当事者自らが課題を乗り越えていくプロセスを尊重し、援助の主役は、専門家ではなく当事者自身であるという考えの表明で、決して目新しい理論ではありません。

パターナリズム――父権主義という言葉がありますが、専門家が、治療やケアの主導権を取ることによって、当事者は絶望的な現状の中で「見ない」「聞かない」「言わない」という態度によって現実との直面を避けようとし、その結果、さらに管理と無気力が強化されるという悪循環に陥ります。

しかし、「当事者研究」とは、この活動によって専門家の関与が不要になったり、影響力を排除することを意図したものではありません。「自分自身で、共に」の理念にある「共に」の中には、当然のように専門家との共働と連携が含まれます。けれど大切なのは、専門家の持っている知識や技術と、当事者自身が持っている経験や知恵は、基本的に対等であるということです。そこに優劣はありません。そのことを通じて、専門家も当事者も、本来の役割を取り戻すことができるのです。

ここで、どうしても触れておかなくてはいけないのは「当事者研究」における「当事者」の意味についてです。精神障害者も含めて障害者は、長い間、「自分のことは、自分が決める」という基本的な権利を奪われてきた人たち（『当事者主権』中西正司・上野千鶴子著　岩波新書）であるといえると思います。俗にいうこの「自己決定」の視点は、今や、あらゆる福祉サービスやケアの大原則として広く普及しています。

その自己決定論を背景として専門家が当事者とかわす言葉の中に、「あなたはどうしたいの……」という問いかけが、あらゆる場面で見受けられるようになりました。しかし、その問いを投げかけられた当事者の多くは、「自分が決めたのだから、その結果責任はあなた自身が背負うことになります」という背後にあるメッセージに緊張を覚え、恐怖を感じるといいます。

実は、浦河では全く正反対のことが、当時者性の原則として受け継がれてきました。

これは「自分のことは、自分だけで決めない」ということです。それは、いくら「自己決定」といっても、人とのつながりを失い、孤立と孤独の中での「自己決定」は、危ういという経験則が生み出したものです。

それは、自分自身が最も力を発揮できるのは、自分の無力さを受け入れ、さまざまなこだわりやとらわれの気持ちから解放され、自分自身と人とのゆるやかな信頼を取り戻すことができたときだということを、知っているからです。

自己決定とは「自分だけでは決めない」という、人とのつながりの確かさがあってこそ、成り立つ態度ということもできます。その意味で「当事者」であるということは、単に医学的な病気や障害を抱えたことのみをもっていうのではなく、自分自身の「統治者」になろうとするプロセスであるということもできます。

「当事者研究」の進め方

ここでは、浦河において「当事者研究」というアプローチが具体的にどのような手順で進められているかを紹介します。そのポイントをあげると、次のようになります。

①統合失調症など精神障害の疾病としての側面と薬物療法の重要性を重んじながらも、当事者自身の主観的な理解や対処方法をできるだけ尊重し、ユニークで、当事者自身にとって有益な方法やアプローチの仕方を、自由に話し合い、語り合える雰囲気作りに心がける。
②話し合いや検討の中で、「人」と「問題」を分けて考えることの理解を助けるために、人形やイラスト、ロールプレイ、板書など視覚的に訴える手段を積極的に活用する。
③当事者研究を通じて得られた成果が、現実の生活の中で般化されるように、SST（注）などを活用する。
④テーマごとに「研究班」を立ち上げ、当事者がリーダーとなり、継続的な研究活動を側面的に支援する。
⑤半年に一度の割合で、研究発表の機会を設ける。発表にあたっては、視覚的効果に留意してポスターやパワーポイントなどを活用する。
⑥当事者自身の経験知は、専門家の持つ知識や技術と基本的に対等であり、統合失調症など精神障害を抱えることによってもたらされる生きづらさとは、現状の理解を

助ける適切な情報へのアクセスと、その経験に基づいた有効な対処の仕方を習得する機会の欠如によってもたらされたものである。

⑦統合失調症を抱える当事者を助ける主役は、「当事者自身」であるとするエンパワメントの視点に立ったスタッフの姿勢が、当事者自身の「研究意欲」を高めることにつながる。それらは、当事者研究の実践活動の端々で、繰り返し確認する必要がある。

以上のことに留意しながら、浦河では当事者研究の活動が実践されていますが、実際の取り組み方を整理すると、三つのタイプに分けて考えることができます。

一つ目は「一人当事者研究」です。これは、統合失調症などを抱える当事者一人ひとりが、「一人当事者研究」という形で、日常生活の中で、時と場所を選ぶことなく、現実の問題に、研究的な態度を持って向き合い、対処しようとする暮らし方といってもいいでしょう。

当事者は、現実の生活上の問題に直面したときに、それをきっかけに、不安感が増し、身体に不快な症状が起きたり、幻覚や妄想が強まったりします。その中で、統合失調症を抱える当事者は、現実に抱えている苦労と、起きている体調の変化を観察（セルフ・モニター）し、必要な対処方法を選択し、実行に移すという行動を起こす必要性があります。

しかし、それらの一連の自助のアプローチも、その対処法は、基本的には、個別的な「研究」活動の中で見出されるものであり、それが、当事者自身の中に、「自分の助け方」として般化されるまでは、それなりの時間が必要となってきます。その意味でも、週一回の定例のセッションだけではなく、独りになった場面での「一人当事者研究」は、それを補う役割を果たすといえます。

これは、ＳＳＴで活用する問題解決技法のエッセンスを、日常生活の中に取り入れることにもつながり、それを実際の生活の中に応用するという行為は「実験」と捉えることも可能で、その結果によっては、さらなる研究と改良に向けた主体的な取り組みを促すことにも通じます。

〈事例〉

三〇代の統合失調症を抱えた女性。「電話をかけろ」「受診しろ」という幻聴に影響されて、強迫的に電話をかけたり、病院を受診したりの行動が頻繁に繰り返されましたが、強迫的な幻聴に、仲間でニックネームをつけて、強迫的な行動を強いる声が聞こえるときの生活上の条件を共に研究しました。その結果、空腹時、お金がないとき、暇なとき、薬の飲み忘れ、寂しいときなどに起きることを仮説として取り上げ、実際の生活場面で検証を試みました。その結果、かなりの相関関係が認められ、そのことに対処することで、セルフコントロールが可能となりました。

二つ目は、マンツーマンでの「当事者研究」です。具体的には仲間同士や、電話でのやり取りを通じて行われます。これは、お互いの相談の中に、当事者研究のエッセンスが盛り込まれたやり取りをいいます。

〈事例〉

二〇代の統合失調症を抱えた男性。一日、何度も精神科外来やソーシャルワーカーにとりとめのない電話をかけてきます。時間をかけて、受容的、共感的に話を聞いていましたが、改善されませんでした。そこで、スタッフは、本人が電話をかけてくることを「自らの置かれた状況を改善しようとする自己対処の一環」と捉え、懸命に自分の不安感や、思いを落ち着かせようとして電話をかけてくるという行為を「自分を助けようとする行為」として、電話で誉めることにしました。電話を何度もかけることに後ろめたさを感じながら、止まらない行為に困っていた当事者は、誉められたことで安心し、不安のメカニズムと自分の助け方の研究を一緒にしようという提案に同意。以来、強迫的な電話相談は落ち着き、デイケアのプログラムに参加しています。

三つ目は、グループで行う「当事者研究」です。これは、浦河では、「当事者研究ミーティング」と呼ばれ、毎週一回、浦河赤十字病院精神科デイケアと、浦河べてるの家で実施されています。グループとしての当事者研究ミーティングは、概ね、以下のような流れで進められています。

(1)場の構造と設定

当事者研究ミーティングのイメージは、基本的にSSTの基本モデルを思い浮かべていただけるとよいと思います。浦河では、通常一〇人程度がプログラムに参加しています。参加者が白板を扇形に囲むような形で椅子に着席し、白板と参加者の間は、ロールプレイなどができやすいように適当な空間をつくっておくと良いでしょう。

(2)スタッフの構成と所要時間

スタッフが全体の進行役をつとめ、ミーティングの当事者リーダーとスタッフのリーダーと協力しながらはじめます。プログラムに要する時間は、一時間を超えない範囲で行います。実施頻度としては、週一回程度実施しています。なお、浦河では、当事者研究ミーティング以外にべてると浦河日赤病院でSSTを週一回実施しています。

(3)プログラムの展開

参加者は、基本的にオープン参加で、誰でも参加できます。デイケアでは、幻覚や妄想など持続的な精神症状のために、生活に何らかの困難を感じている人が主に参加しています。べてるでの参加者は、地域で暮らしている当事者が多いため、人間関係や仕事の進め方における研究テーマが多くなっています。

〈進め方――デイケアでの例〉

①当事者リーダーによる開会の挨拶

リーダーだけではなく、常連の参加者が挨拶係になっても構いません。

②当事者研究ミーティングの趣旨とルールの説明

新しい参加者がいた場合は「これから、当事者研究ミーティングをはじめます。それでは、当事者研究の趣旨をどなたか説明をお願いいたします」というような形で、参加者に説明をお願いします。

基本的に、このグループは〝自分自身で、共に〟を共通の理念として行われます。場の雰囲気としては、〝自分たちがやっている〟という感覚を実感できるように、スタッフは「協力者」「支援者」の立場に立つことが大切です。従って、最初の挨拶や説明などのプログラムの進行役はできるだけ当事者にお願いするのがコツです。

③ウォーミングアップ

ウォーミングアップは、場の雰囲気に合わせて、必要に応じて行います。

④「研究テーマ」の紹介

「それでは、研究テーマを持っている人は、最近の研究の成果や苦労も含めて報告をお願いします」といって、メンバーを紹介します。紹介する際は、研究メンバーの名前、自己病名、研究テーマ、研究の目的、研究の進み具合について報告します。

〈例〉Bさん・男性　年齢二〇代

●苦労のプロフィール

中学二年生のころより幻聴が聞こえはじめ、不登校を経験。幻聴と現実の見極めに苦労し、悪口が聞こえてきたときには、近くにいる人に大声を出すこともある。

●自己病名

「統合失調症暴走型〝もう誰にも止められない〟タイプ」

●研究テーマ

「幻聴さんの声と現実の声の見極め方の研究」

●研究の目的

「デイケアに来ると、〝馬鹿にされるぞ〟という声が聞こえて、カッとなって家に帰ってしまったり、机を蹴飛ばしたことがあるので、それを見極めできるようになりたい」

●今までの研究成果と実践（実験）方法

・当事者研究ミーティングの中で、当事者と同じような経験を持った仲間がいないか「アンケート」を参加者にとりました。その結果、

・悪口やマイナスの内容は、ほとんどが幻聴さんである確率が高い。

・先行的な取り組みとして、ＩＣレコーダーを持ち歩き、録音して確認することも有効。
・場の雰囲気と幻聴さんのいう内容とのギャップを察知できるようになると、ＩＣレコーダーを用いなくても見極めは可能。
・信頼できるデイケアの仲間に確認してみるのも一つの方法。
以上の検討結果から「仲間に確認する」という方法を選択し、ＳＳＴで練習し、実際の場面で実験することにしました。
※「アンケート」とは、参加者に質問をして、挙手などの方法を使い、意見やデータを収集することを指します。

●実験の結果

Ｂさんは、声が聞こえたり、悪口をいわれているような感覚に陥ったときに、すぐデイケアの仲間に確認したら「誰もいっていないよ」といわれたので、少し安心しました。聞きやすい仲間がいないときには、スタッフに確認しました。

以上のように、流れの基本はＳＳＴの基本モデルを踏襲しながら研究と実験を繰り返す作業になります。後は、発表者を最後に紹介して、拍手をして終了します。

〈新規の研究テーマの取り上げ方〉

参加者の中から、対処に困っている症状や苦労の内容を出してもらう。基本的な流れは、上記の①〜③までと共通しています。留意すべきことは、いわゆる病識があるか否かは、あまり問題にしないことです。あくまでも「困っている」「苦労している」という現実の共有が大切となってきます。それは、当事者が「あなたは精一杯生きている」とねぎらわれ、尊重される雰囲気をかもし出す一つの工夫ともいえます。

〈進め方〉

①「今日、新しく研究テーマを持ってきている人は、出していただけますか」という形

で、参加者に呼びかけます。研究テーマという形で、明確化されていなくても「困っていること」でも構いません。

②苦労の内容の確認

〈例〉

「幻聴さんに薬を飲むことを反対されて困っている。薬を飲まないと具合が悪くなるので、幻聴さんのいうことを聞くことはできない」

③自己病名と研究テーマを考える

テーマを出した当事者と参加者で、自己病名を考えます。話し合いの末、自己病名は「統合失調症幻聴さん苦労型」に決まりました。次に苦労の内容から研究テーマを考え、この例では「幻聴さんとの付き合い方の研究」としました。

④苦労の内容の理解と整理

苦労の内容理解のために「苦労のマップ」を書きます。苦労のマップとは、白板などに、イラストを用いて起きている苦労を図式化し、ロールプレイを活用して苦労の再現をすることをいいます。その作業を通じて、「幻聴さん」が起きてくる場所、場面、内容、今までの対処法、その結果、結果に対する評価について一つの循環図として整理します。

この例では、起きていることを図式化する作業の中で、「薬に頼らないで働けるようになりたい」という本人の願望が明らかになりました。そこで、参加者に挙手で「薬に頼らないで働けるようになりたいと思ったことがある人」というアンケートをとることにしました。その結果、統合失調症を抱える当事者のほとんどが、そのような気持ちを持っていた時期があることを知り、本人は安心すると共に、仲間との話し合いの中で、薬の大切さを再認識し、幻聴さんに対する対処の仕方を検討しました。

⑤対処方法の検討と実践

同様の経験を持っている参加者とのミーティングを通じて、望ましい対処方法の条件を整理し、検討しました。その結果「幻聴と対立的な関係にならない」「人間関係と同じように争いにならないようにする」「お願いする」「〝いつも、心配してくれてありがとう〟と感謝をする」というアプローチを試みることにして、ロールプレイで練習しました。幻聴さんの役割は、仲間がやってくれました。

その練習した内容を「実験」し、次週に報告することを確認し、終了します。

以上が、大まかな当事者研究といわれているプログラムの骨子です。これらは、実践を通じて常に改良され、進化していきます。これを参考に、読者の皆さんも、当事者研究にぜひ挑戦してみてください。

（注）ＳＳＴとは、Social Skills Training の略で、日本では主に「生活技能訓練」と呼ばれている。通常、リーダー的役割をとるスタッフと一〇人前後のメンバーが輪になり、だいたい次のような手順で行われる。
①メンバーやスタッフから、課題や目標が出される。↓「挨拶が上手にできるようになりたい」
②実際にそのロールプレイを行う。↓自分が挨拶できそうなメンバーを選んで、「～さん、おはよう」と笑顔で挨拶する。
③正のフィードバック。↓同席しているメンバーたちから、その話し方や態度について「良かった点」を評価してもらったり、「さらに良くする点を提案してもらい、技能を向上させ自信をつけていく。そして、それを実際の日常生活の場面で試みていく。

第二部 「弱さの情報公開」をはじめよう
――「当事者研究」の実際

ちょっと脱力中のべてるのメンバー。
中央が「べてるの顔」ともいわれる販売部長の早坂潔さん

「べてるウイルス感染症候群の研究」

川村　敏明
向谷地生良

1．はじめに

昨今、北海道でも交通の便の悪い浦河町へ繰り返し足を運ぶ人たちが絶えない。しかも、べてる通を自認する人たちが、ネットで交流をはじめるなど、全国的に不思議な現象が起きており、人びとの間で「べてるウイルス感染症候群」と呼ばれているものである。そこで、浦河在住の精神科医の川村敏明とソーシャルワーカーの向谷地生良が、長年の経験と勘で、この現象の解明を試みたので報告したい。

2．研究の目的

善玉ウイルスともいえる「べてるウイルス」の感染状況を明らかにし、より広く、多くの人に感染を促す条件を探り、そのもたらす効果を解明することである。

3.「べてるウイルス感染症候群」とは

「べてるウイルス感染症候群」とは、一九九〇年代より北海道浦河町を感染源として発見された強い感染力を持った難治性の疾患の一種で、未だに有効な治療法は見出されていない。現在でも、「べてるに出会うと〝病気〟が出る」といわれ、感染者が続出している。

基本的に潜伏期間は短く、浦河滞在中に感染し、帰った後に発症する事例が多いが、滞在中に症状が顕在化する例も見られる。昨今は、二次感染も多く報告されており、人を介した一次感染から、ビデオや本を通じた感染経路も明らかになり、その感染は、予想以上の広がりを見せている。

特に強い感染者は通称「べてらー」と呼ばれ、判っているだけでも、一〇人を越えるべてらーが現在確認されており、べてるウイルスを全国各地に拡散させる運び屋となっている。

4. 主な症状

感染者の抱える主症状を観察した結果、以下のことが明らかになった。

①初期症状としては「脱力感」が生じる。あまり物事を深刻に考えることを止め、気楽に考えるようになる。

②今までに考えなかったことを考え、見なかったことを見るようになる結果、一過性の抑うつ状態に陥るか、「自分が阿呆らしくなる」という自罰感覚も伴うが、徐々に筋金入りのいい加減な人間になってくる。

③「昇り」に弱く「息ぎれ」をしやすいだけではなく、「昇る」局面に関心が薄れ、「降り方」がうまくなる。生活面では、張り合わない、競争しないという傾向が強まる。

④「忘れること」がうまくなり、気持ちの切り替えが早くなる。

⑤嗜癖性があり、何度も浦河に足を運ぶようになる。年間三回以上、浦河を訪れるか講演に足を運ぶようになると、重度の感染が疑われ誰からとなく「べてらー」といわれるようになる。

⑥金欠症状——金銭への執着が薄れ、浦河にくるための交通費がかさみ、お金が貯まら

なくなる。

⑦社会的な評価に対する興味が薄れ、出世が遅れるか、しなくなる。

⑧多弁症状——自分を語り出し「三度の飯よりミーティング」状態になる。

5.「べてるウイルス感染症候群」の拡大要因

「べてるウイルス感染症候群」の拡大要因としては、感染によって、体質の転換が起こり、早坂潔氏をはじめとするべてるのメンバーに、繰り返し会いたくなるという強迫的症状が強まることが、主たる要因であることが考えられる。拡散の要因としては、調査の結果、最初の感染者は新潟の地域おこしアドバイザーである「えにしや」の清水義晴氏であることが明らかとなった。

清水義晴氏は、一九九〇年十一月ごろに、問題だらけのべてるの家の存在を知り、一度も訪れたことがないにもかかわらず、その独特の嗅覚で「浦河は、将来、精神保健分野のメッカになる」と予言、清水義晴氏は、全国各地の商店街や企業経営者の前で「べてるの家」の存在を紹介し、最初に企画した『べてるの家の本』等によってウイルスを撒き散らし汚染が広まったものと判明した。

さらには、ウイルスの拡散のさらなる要因として映像作家の四宮鉄男氏原因説が急浮上、特に九五年に、会津若松商店街が清水義晴氏の感化を受け、チャリティーバザーを開催し、べてるの家の日常を映画化するという〝暴挙〟の最初の資金源となって『べリーオーディナリー・ピープル』という映画が完成することにより、全国各地で市民が上映会を開催するという現象を通じて汚染は拡大したばかりでなく、次々に出版された新作ビデオによっても広まったものと推察される。

さらにその感染は、留まるところを知らず、特に不況にも強い耐性を持つ新型べてるウイルスが、鹿児島県川辺町において猛威を奮いはじめている（べてるウイルス〝萌型〟と命名）ことである。これは、べてるの家の活動に関心を持った児玉病院のソーシャルワーカーが浦河町に来町、それを契機に清水義晴氏との接点が生まれ、商店街の中に会社をつくり、地域密着型の事業を展開、繁盛している。ここでも、清水・四宮両氏の関与が疑われている。その余波は、北海道札幌市白石区の商店街や、青森駅前商店街にも広がりを見せている。

さらに、最近明らかになったべてるウイルスの特徴は、「世代間伝播」である。その結果、川村家、向谷地家、清水家それぞれで、子どもたちが医療・保健・福祉分野において、べてる関連ともいえる会社経営に乗り出すという二次感染ともいえる状況が生まれており、この感染が着実に受け継がれていることが明らかになっている。

6. 結論――「べてるウイルス感染症候群」の可能性

べてるウイルス感染症候群への感染効果は予想以上であり、今後、人と場を豊かにする善玉ウイルスとして、さらなる広がりを見せることが予想される。今後の研究課題としては、地域固有の善玉ウイルスと結合することを通じて、地域密着型の新型善玉ウイルスが、次々に地域に起きるための条件について研究を進めたい。

「〝劇場型〟統合失調症の研究」
―小泉さん幻聴と霞ヶ関の仲間たち―

発表者：千高のぞみ
協力者：松本寛　伊藤知之　清水里香　向谷地生良

1．はじめに

幻聴さん（べてるでは、そう呼ぶことが多い）との付き合いは本当に大変だ。私の場合はいろいろな幻聴さんが出てきて、喧嘩をふっかけてきたり、ネチネチとまとわりついてきたり、嫌なことも多い。

特にヤクザ幻聴とチンピラ幻聴には、もういい加減にしてほしいという感じだ。その幻聴は、本当に私を蹴ったり殴ったりする。殴られたところは本当に腫れてヒリヒリするので、シップを張ることもある。

扱いに困ったときには、警察に電話をする。しかし本当の警察はあまり頼りにならないので、〝幻聴の警察〟に連絡する。〝幻聴の警察〟はサイレンを鳴らしながら来てくれる。そして、チンピラ幻聴に困っている私のところに飛んできて、彼らを連れていってくれる。連れていかれるときのチンピラ幻聴は、ギャーギャーいってうるさい。

それでも最近は、警察に助けを求める前に、べてるのスタッフや仲間や向谷地さんにも電話で相談することのほうが多い。そのほうが、より安心だからだ。

そんな中で、大切な幻聴さんもある。〝小泉さん幻聴〟である。そう、あの総理大臣の小泉さんが、自分の幻聴さんとして私の中に現れるようになって、もうすぐ二年が経つ。最初はかすかに聞こえてきただけだったが、一年ほど前から幻聴さんの主役になってしまった。

幻聴の小泉さんの周りには、武部さん、麻生外務大臣、森前首相、橋本元総理も出てきて、いろいろと生々しいやりとりをしている。最近は、幻聴の北朝鮮の金正日総書記が出てきてびっくりした。私の幻聴さんの世界もだんだん国際的になってきた。

加えて小泉人気の影響で、私の幻聴さんも忙しくなってきた。そんなとき、当事者研究に誘われた。講演に行くついでに国会に行ってみたいと思っていたので、当事者研究をしたらそんな機会も来るかもしれないと思い、私の幻聴さんの世界を整理してみることにした。

2. プロフィール

私が統合失調症になったのは、高校を卒業した直後である。就職試験に落ちたことをきっかけに、だんだん家に閉じこもるようになった。ほとんど二階の自分の部屋から降りられなくなり、両親が心配して浦河日赤病院に相談に行ったらしい。

一九歳だった当時のことは不思議とあまり記憶にない。覚えているのは、漠然とした不安や実感のない生活、そしてソーシャルワーカーの向谷地さんが二階に上がってきて自分に声をかけてくれたことぐらいだ。向谷地さんを見て「この人は誰だろう」と思った記憶がある。

当時の私は、昼に寝て、夜になると活動をして、一階の冷蔵庫から勝手に食材を二階に運んで、ままごとのように自分で調理して何とか暮らしていた。そのうち外を出歩くようになり、一二〇キロ離れた町まで目的もなく列車に乗っていき、警察に保護されて病院に入院することになった。高校を卒業してから入院までの一年余りは、まるで夢の中をさまよっていたような感じがする。

日赤病院に四か月入院した後は、病院の近くのアパート「レインボーハウス」で一人暮らしをすることになった。一人暮らしといっても、隣の部屋は、現在、統合失調症を抱えながらニューべてるの施設長をしている清水里香さんだったので、安心だと思った。

しかし、はじめての一人暮らしと、自分の病気をはっきりとわかっていなかったこともあって、あまり人と交わらない生活が続いた。お陰で、不安やストレスはすべて食べることで解消する癖がついて、どんどん体重ばかりが増えていった。お隣の清水里香さんも体重増加に励み、競うようにお互い順調に太っていった。

話し相手はいつも母親だった。でも電話では「掃除をしなさい」「洗濯をしなさい」「ちゃんと栄養のあるものを食べなさい」「身ぎれいにしなさい……」といろいろといわれて口喧嘩になってしまうことが多かった。そのころから少しずつ、テレビで見たことが幻聴さんとなって聞こえてきていた。今にして思えば、わずかに幻聴さんとなって聞こえていた。

そんなことから、訪問看護にきてくれる看護師さんや仲間が心配して、グループホームへの入居を勧めてくれた。両親も賛成してくれて、今から四年前に現在のレインボーハウスに移り、八人の女性メンバーと暮らすようになった。

仕事は、べてるの地域交流拠点の四丁目ぶらぶらざで店番をして、商品の管理と販売を担当している。「千高さんが店番をすると、すぐ試食品がなくなる」といわれているが、試食をすることによって、製品の味が変わったりしてもすぐわかるので、誉められた。

3. 研究の目的

このたびの研究の目的は、いろいろな幻聴さんがやってきて自分をかき回したときに、どのように対処してきたかをまとめることである。

みんなは「千高さん、よくやっているね」といってくれる。幻聴さんに殴られたり、幻聴の小泉さんと森前総理のぶつかり合いの板ばさみになったり、大変である。そういうとき、仲間に相談したり、警察に110番したり、いろいろな手を使ってきた。

それを今回、幻聴さん分野ではプロといわれる三人のメンバーの協力をもらってまとめてみた。

4．研究の方法

向谷地さんと、協力してくれる三人のメンバーからインタビューを受け、それに私が答えるという方法を取った。私の話したことはICレコーダーとビデオで記録し、伊藤さんがメモを取ってくれて、それを整理する方法を取った。

5．私の幻聴さんのパターン

インタビューをしながら幻聴さんの整理をしたら、私の幻聴さんには三つのパターンがあることがわかった。「永田町幻聴」と「チンピラ幻聴」、そして「自分の分身幻聴」である。

その幻聴さんがひどくなりはじめたのは二年前からである。小泉さん幻聴がわずかに聞こえてきていたが、それに途中から、最初に紹介したようなチンピラ幻聴が加わってきた。チンピラ幻聴と永田町と霞ヶ関がそのまま私の幻聴の世界に移ってきて、ガヤガヤするようになった。そこに北朝鮮問題が絡んできて、私は大混乱するようになった。

先に紹介したように、私の幻聴さんは、いてもいい幻聴さんと、消えてほしい幻聴さんの二つに分かれる。いてもいい幻聴さんのトップはもちろん小泉さんである。そして、その周りに麻生、竹中、安倍さんが囲んでいる。森前総理、橋本元総理は、時々出てきてはウロウロしている。

最近の新しい出来事として小泉チルドレンも登場することだ。杉村太蔵議員もチョロチョロしている。そして、定期的に幻聴さんの閣議が開かれて、終わった後は黒塗りの車が小泉さんを迎えに来る。その様子が、私にははっきりと見える。

小泉さん幻聴のいいところは、何といっても、自分を誉めてくれることだ。「千高さん、がんばっているね」とあの笑顔でいわれるとたまらない。そして、私をいじめるチンピラ幻聴を注意してくれるところも頼もしい。

「永田町幻聴」の主役である小泉さん幻聴は、毎朝私のところに八時には出勤してくる。ちゃんとスーツを着て私の前に現れる。私を呼ぶときには「千高さん」とか「のぞみさん」といってくれる。時々、「のぞみ」ということもある。幻聴の小泉さんのいいところは、やさしいところである。帰りは毎日きっかりと、五時である。幻聴さんの運転手が、黒塗りの車を運転して迎えに来るのが見える。

次に「チンピラ幻聴」であるが、チンピラ幻聴は全部で一〇〇人くらいいるような気がする。やってくるのは東北地方からである。いつもその方向からやってくる。格好は一見普通の姿だが、特徴は頭がはげていることである。

チンピラ幻聴に襲われて、困ってしまって向谷地さんによくSOSの電話をする。「向谷地さん、また頭がはげた幻聴さんが私を叩いてきて困っているの……」。そういうと、最近、髪の毛が薄くなってきて気にしている向谷地さんが、「それって、僕のこと……?」と勘違いするので笑ってしまう。

チンピラ幻聴は、いつも私に「金を貸せ!」といって怒鳴ってくる。私もカチンときて、「あんたに金を貸して、返ってくる保証があるのか!」というようにしている。するとチンピラ幻聴が逆ギレを起こして、私は叩かれたり蹴飛ばされるという被害にあう。本当に困ったものだ。叩かれたところは紫色に腫れ上がり、顔もヒリヒリする。腫れたところには、シップを張って手当てをしている。

最後に「自分の分身の幻聴さん」であるが、朝起きると、自分の体が二つに裂けたり、頭がボロッと取れたり、裂けた体が私に断りもなく勝手に好きなところに行ってしまうということが起きる。これが起きたときには、本当に驚いた。朝起きたら、急に首が取れてしまい、びっくりして日赤病院の救急外来を受診した。後で向谷地さんに報告したら「よく、首を忘れないで持っていったね」と感心された。

6. 私の対応

私の幻聴さんへの対応をまとめると次のようになった。

一番手っ取り早いのは電話での相談である。これを「電話の乱れがけ」という。困ったときにはとにかく電話をする。一番電話をかける相手は、何といってもソーシャルワーカーの向谷地さんである。電話をかけるのは、嫌な幻聴を退治するのに一番効き目のある人だからである。

浦河では、幻聴さんにいじめられても喧嘩しないで丁寧に、「今日は疲れているので、お帰りください」と頼むとよいと仲間から教えてもらった。それで自分も、「幻聴さん、あまり怒鳴らないでください」と頼んでみた。そしたら少し効き目もあったけれど、

「何それ？」といって簡単にあしらわれてしまうことも多い。

そんなときに向谷地さんに電話をしたら、「ちょっと、電話に幻聴さんを出してくれる……？」といって私に代わって幻聴さんに向かって、「……幻聴さん、あんまり千高さんをいじめないであげてください」とやさしく頼んでくれた。そうしたら、チンピラ幻聴もさすがに「わかったよ」といって帰ってくれた。

他のスタッフもそれは面白いといって同じようにやってくれたけれど、向谷地さんのような効き目はなかった。幻聴さんも人を選ぶようだ。

しかし対応に困るのは誰とも連絡がつかないときだ。そういうときには、思い切って〝幻聴の警察〟を呼ぶことにしている。すると、ちゃんと逮捕して連れていってくれた。また別なときには、幻聴の小泉さんが助けてくれることもあった。いい幻聴さんと普段仲良くしていると、困ったときに助けてもらえる。

一番手がかかるのは、「自分の分身の幻聴さん」との付き合いである。体が二つに裂けたり、自分の頭がボロッと取れたり、裂けた体が勝手に遠くに行ってしまうからだ。首が取れたときには、早朝で迷惑だと思ったが、あわてて日赤病院の救急外来に駆け込んだ。

その後向谷地さんに報告したら、「首を忘れないで持っていったのかい?」「途中で首を落とさなかった?」「救急の先生とは、誰が話したの? 首? それとも……」と、笑いながらいろいろと聞かれたが、焦っていたので覚えていない。

一番びっくりしたのは、体が半分に裂けて勝手に東京に行ってしまったときである。

「向谷地さん、あのね、びっくりしないでね。実はね、体が半分に割れちゃったの……。私東京に行ってみたいなぁって思ってたらね、勝手にね、体半分が先に東京に行っちゃって、帰ってこなくて困ってるんだけど……。行き先はね、小泉総理のところだよ」

そういってSOSの電話をしたら、しばらく向谷地さんの笑いは止まらなかった。

向谷地さんはすごい人だ。「じゃ、今度東京に行ったら、右半分を連れてくるからね」といって、この前本当に連れてきてしまった。「連れてきたよ。ちゃんと帰るようにいったから、もうすぐ着くはず……」といわれた途端、体に不思議な感じが起きて、ちゃんと右半分が帰ってきたような気がした。

あと、効き目があるのは食べることだ。幻聴さんがうるさいときは、仲間やべてるのスタッフに「誰か私とご飯を食べたい人、いませんか?」と電話して食事に誘う。支払いは、一緒に行った人に出してもらって、後で払うようにしている。幻聴さんと付き合うための食費が馬鹿にならないのでいつも金欠である。

7．幻聴さんとの付き合いの苦労でわかったこと

幻聴さんとの長い付き合いで、仲間やスタッフに相談して苦労しながらやってきて、わかったことがいくつかある。

それは、仲間から「意地悪をするチンピラ幻聴も、実は千高さんを好きなんじゃないの？」といわれたときである。「そうか、意地悪幻聴さんは、私を好きだからチョッカイを出してくるんだ」と考えたとき、謎が解けたような気がした。好きな人に意地悪をするということは、よくあると思ったからだ。

それと、お金がなくて困ると、チンピラ幻聴が襲ってくるというパターンもわかってきた。そして、今まで人と話すことが苦手で閉じこもることの多かった私が、幻聴さんの苦労を抱えることによって、人とかかわる機会が増えていることもわかってきた。

幻聴さんのお陰である。

8. おわりに

昨年は、私の幻聴さんが話題になり、べてる祭（年一回、夏に開催）で由緒ある『ぱぴぷぺぽだったで賞』をもらった。名前を呼ばれたときには本当にびっくりした。もらった賞状には、こう書いてあった。

「あなたはバレンタインデーになると大量のチョコを買い込み、お気に入りの男性への配布に努めながらも、気が変わり回収にはげみ、あげたはずの人からもらって食べた他、小泉首相が大好きで、〈小泉首相と会いたいんだけど、友達の人いませんか〉と相談の電話をかけるなど、この一年抜群のパフォーマンスで場の活性化に貢献されました。よって、ここに『ぱぴぷぺぽだったで賞』と、記念として来年のバレンタインデーでチョコを回収するためのカゴと、小泉首相にチョコを贈るための包み紙を差し上げます」

バレンタインデーには、もちろん幻聴の小泉さんの分も買ってある。近いうちに、小泉さんのお膝元の神奈川県で、初めての講演デビューも計画されている。次は、「幻覚&妄想大会」で、グランプリをもらうことが夢だ。

（本稿が執筆されたのは、もちろん、安倍政権発足前です）

「"人格障害"の研究　その二」

しあわせ研究所人格障害系研究チーム
発表者：西坂自然
協力者：山本賀代　秋山里子　加藤木祥子　吉田めぐみ　向谷地生良　下野勉
文珠四郎・弥生

1．はじめに

私のような「人格障害系」とされる行動パターンを持つ人は、医療にとっては「治しにくい」と思われる対象のようである。薬が効かない、どういった病気なのかが判然としない、トラブルを起こすので対応しにくい、医療者が感情的に巻き込まれてしまう、などがその理由となっているようだ。

そもそも人格障害は精神科医療の対象になるのか、病気と名づけていいものなのかと考える人もいる。私は精神科にかかった当初、病名をつけてもらうことができなかった。そして五年くらい経って症状が落ち着いたころに、主治医から「『人格障害』という病名をつけると医療者が治療を進めようとしなくなる。だから来院時はあえて病名をつけなかった」といわれた。

私はそのころ、自分のさまざまなトラブル行動の原動力となっているのは「淋しさ」や、「自分の居場所がない虚しさ」だと感じていた。私は、それらが医療の力で解決できるとは期待していなかったように思う。私には強迫性障害などの症状があったから精神科に行ったが、それから長い間トラブル行動を繰り返しながら、「淋しさ」と「この世のどこにも居場所がないと感じるつらさ」を持て余し続けて生きていた。

どうすれば自分の「淋しさ」が埋まるのか私はずっと途方に暮れていた。そのつらさが蓄積するたびに、迷惑行動などを起こして一時的な逃避を続けてきたのであるが、それは一時的なものに過ぎないことが自分でもうっすらとわかっていた。

私は今振り返ってみて、自分の症状が落ち着いてくるきっかけとなったのは、医療の力ではなく、当事者の仲間や同好会のグループの仲間が持つ力によるところが大きいのではと感じている。そして自分で自分の面倒をみること、自分で自分を助けることによって、長い間繰り返してきたトラブル行動、またその行動によって人間関係を破壊するというサイクルから、少しずつ脱出してきたように思うのである。

2. 研究の目的

「人格障害」とされる人は、人間関係でのトラブルや、器物破損、自傷、他害、異性問題、大量服薬、引きこもり、摂食障害、不安発作、多量服薬など社会的、倫理的規範からはみ出した行動を起こす場合が多い。また、そうした行動によってうまく人間関係をつくれなくて、自ら関係を壊してしまう。従って、周囲の人たちはどう関わっていいかわからなくなり、本人の行動や感情に巻き込まれてしまうことが多い。

そこで、私のような「人格障害系」とされる人たちの抱える生きづらさの意味と、また私たちが安定した気持ちで生きていけるために、またはいくらかでもまとまりある生活を維持していくために、何が役に立つのかについて考えてみたい。

3．研究の方法

まず最初に自分の苦労してきた病気の症状を、今までの経過を振り返りながら書き出した。そしていわゆる「人格障害系」の苦労を抱えているべてるのメンバーに協力してもらい、その原案を下敷きにして数回のミーティングを行った。べてるのメンバーが最初にあげてくれた生きづらさのテーマは、「自分のコントロール障害」「迷惑行動」「異性関係の問題」「自傷」「摂食障害」「買い物依存」などである。

そしてそれらのトラブル行動の原点となっているものは何なのかという課題と共に、人格障害とはいったいどういうものなのか、それらが起こる仕組み、そして私の症状が安定するきっかけとなったと思われる「仲間の力」についても研究することにした。

4．苦労のプロフィール——〈自己病名〉他人の評価依存型人間アレルギー症候群

私が三歳のときに父は職を失い、母が外に働きに出ることになった。父はそのことで自信を失い、私を幼稚園に行かせず近所付き合いもしない生活になった。父は気分の変

動が激しい人でちょっとしたことでひどく怒り、私は二四時間父と二人きりでいる生活になり、常に父の機嫌うかがいをしながらビクビクし、いつも緊張していた。

私は小さいころ、親の機嫌をうかがい、親に叱られないこと、親に見捨てられないことに自分の努力を傾けた。そのために行ったのは「自分の感情を殺すこと」であった。私の父は本当に些細なきっかけで怒ることが多かった。父に怒られて泣いたり反論したりすると、父は余計感情を高ぶらせ、叩かれ蹴られた。それで私は、父に怒られても自分は悲しくもないし、つらくもないと自分に思いこませ、自分の感情を殺すようにした。

その怒りに自分が感情的に反応すればさらに相手の怒りをあおって、殴られることもあった。だから私は父に怒られても「自分は怒っていないんだ」と必死で自分にいい聞かせて感情を抑えていた。

母親は「父のせいで仕事に出なければならなくてつらい」と、父のいないところでよく私に愚痴をいっていた。母はほとんど家にいなくて、帰ってきても疲れていてすぐに寝てしまう毎日だったので、母と話す時間はほとんどなかった。

そんな私に、チック症状が出たのは五歳のときだった。チック症状は一二歳になるまでやり方を変えながらもずっと繰り返されていた。それは指をなめる、服の袖や首周りをなめる、咳をする、貧乏ゆすりをするなどの行為である。

母親に見つかるたびに「みっともないからやめなさい」と怒られたので、自分でも必死にやめようと努力したのだけれど、一つのチックが治まるとまた次のチックが出てきた。そのころからすでに自分を殺して周りに適応するのが苦しかったのだと思う。

小学六年生で強迫性障害が発症した。文字を書いていていても頭に「消さなければならない」と閃くと、理不尽だと思っていても消さなければならない。字を書くことだけでなく歩くこと、食べること、物を片づけることなど、生活の全てに強迫症状が出て、行動するのにとても時間がかかり、しまいには何から手をつけていいかわからず、一時間くらいぼんやり行動が止まってしまうこともあった。

一八歳のときに実家から離れたのを機に、はじめて精神科へ行った。最初は強迫症状がひどいという理由で病院に行ったのだが、そのころ一人暮らしを始めたせいもあって、私は淋しくてたまらない状態になっていた。どこにも自分の居場所がないと感じ淋しくて不安で誰かと一緒にいないと落ち着かないという状態がはじまった。

それで診察時間が終わっても担当医についてまわり、それができないと外来で暴れたり泣いたりした。それで担当医が手に負えなくなって入院したこともあるが、退院すればまた同じ症状の繰り返しで、病院から出入りを差し止められたこともある。

実家に戻ってきてからは両親に暴力を振るい、いいがかりをつけては喧嘩することが多くなった。その間何度か仕事をしたが「燃え尽き症候群」のように疲れ果ててしまうため長続きせず、アルバイトを転々としていた。「つきまといたい」という衝動が出るのが怖かったので、病院には薬だけもらうという形で通っていた。

さらに、私は学校に入って、家族以外の人と接するようになってからも自分を「いい人」に見せようとして努力してきた。そうすることで必死に人間関係に適応しようとしたのである。

そのころには〈本当の自分〉を見せたら嫌われると思いこむようになっていた。〈本当の自分〉とは怒りを抱え、悲しい、淋しいと思っている自分だった。反面「いい人」でいることで周りからはよく評価されていた。それは〈本当の自分〉への評価ではなかったが、他に自己を肯定する要素が何もない以上、周りからの評価によって肯定感を得るより他になかった。でも実は〈本当の自分〉は、いつも取り残されていて淋しいままだったのだと思う。ずっと怒っていて、悲しんでいたのではないかと思う。

そのころあるきっかけで同好会のグループに入ることになった。最初はいい所だけ見せていたが、だんだん自分の悪い所が表面化するようになり、私はグループ内の異性関係でトラブルを起こし、グループ仲間と喧嘩するなどの迷惑行動を嵐のように起こした。

その結果、離れてしまった仲間や縁の切れた仲間もいたが、それでも私に付き合い続けてくれた仲間もいた。親身になって相談に乗ってくれる人や、見守ってくれる人もいた。その仲間が、自分の生きる足場を支えてくれる基盤のようになっていった。そして、もう一つのきっかけは、べてるとの出会いである。大学の卒論のテーマにべてるを選んだのも、そこに、自分の苦労を解き明かす何かがあるような気がしたからである。

そうして私は自分の症状を言葉で話すようになり、自分の問題が自分でわかるようになってきた。以前はとてもひどかった「淋しい」という気持ちが落ち着いて、症状がだんだん出なくなってきたのである。

今は札幌のSAミーティング（精神障害を抱える当事者の会）に通い、べてるの人たちとも継続的に関わっている。仕事は何か月かで燃え尽きる傾向にあって、なかなか長く続かないけれど、自分の症状とはある程度折り合いがつくようになってきた。

5.「苦労の雪だるま理論」と「石ころの原理」

メンバーとの研究を通じて、明らかになってきたのが「苦労の雪だるま理論」と「石ころの原理」である。

私たち人格障害系の当事者の抱える苦労は、雪だるま方式に増長していく。つまり、トラブル行動を起こす最初の原動力となったのは、シンプルな「淋しさ」とか「この世のどこにも居場所がないと感じるつらさ」なのだが、必死になって、現実に〈適応〉しようと努め、起きてくる出来事に〈対処〉を繰り返すたびに事態は悪化し、それが病気となって現れる段階になると、症状は周囲に迷惑をかけるものであったり、騒ぎを起こすものであったりと肥大化する。

人格障害系の人は、一見、社会から逸脱し、適応しようとしない人と思われがちであるが、実は人の何十倍も、周囲の環境に懸命に適応しようとして生きている。しかし、その方法は往々にして自分の感情を抹殺し、自分とかけ離れた人格を演じ、存在を消し、ひたすら受け身になり、人によく見られようと努力するといった自己否定による適応に陥りがちである。

しかし、この適応方法は、子どものころには有効であったが、自意識が芽生えてくると、反面、自分自身がとても苦しくなってくる。するとそれまで懸命に周囲に適応しようと自己否定してきた自分に適応できなくなる。その自分に適応するための対処として行われるのが、トラブル行動、アルコールや薬物への依存、異性への依存、自傷、引きこもりなどの行動なのである。

そうした対処によって苦しさからは一時的に逃れることができる。しかしそれはあくまで一時的な逃避なので、周囲に適応できないという問題が解決されたわけではない。従って〈適応〉と〈対処〉は雪だるま式に繰り返され、多くは周囲を巻き込んでトラブルを発生させる場合が多い。

そうしたトラブルの中にいるうちは「自分の問題を見なくて済む」という効果がある。しかし、トラブルを繰り返していくうちに人間関係は壊れていく。また、しだいにその場限りの適応もできなくなるため、人間関係をつくることも難しくなり、仲間や周囲の人間関係から離れていってしまうのである。

「石ころの原理」というのは、どんな石ころも、はじめはゴツゴツした岩のかけらだったということに基づいている。その原理を思いつくにいたった経験は、二〇歳のときのはじめての入院に起因する。

入院している患者さんたちは、男女それぞれ年齢もバラバラで、病名も今までの経歴もそれぞれ異なっていたが、苦労を抱えていることは共通していた。うつ病の人、失恋して事故を起こして強制入院した人、交通事故で半年近く意識を失って気がついたときには入院していたという人、統合失調症、自殺未遂、アルコール依存症などである。

その中に比較的元気な患者さんが八人ほど集まるグループがあった。私も最初はその仲間に、ふとしたきっかけで誘われて加わったが、私はなぜかその仲間にすんなり馴染んでしまった。そして、それぞれに苦労を抱えていたけれど、苦労を抱えていればいるだけ、みんなやさしくて温かいように思えた。

あるとき、自殺未遂で入院している人が、入院に至るエピソードを話してくれたことがあった。「すごく思いつめて橋から川に飛びこんだんだ。でも苦しくてつい泳いでしまったのさ。そしたら俺は泳ぎがうまいから岸まで泳ぎついちゃったんだよね。それで通りかかった人に通報されて入院してしまったんだ」と彼は話して、そこにいたメンバー全員が大笑いになった。

私はそのとき心の中で、彼が橋まで行って川に飛びこむ様を思い浮かべて、「さぞつ

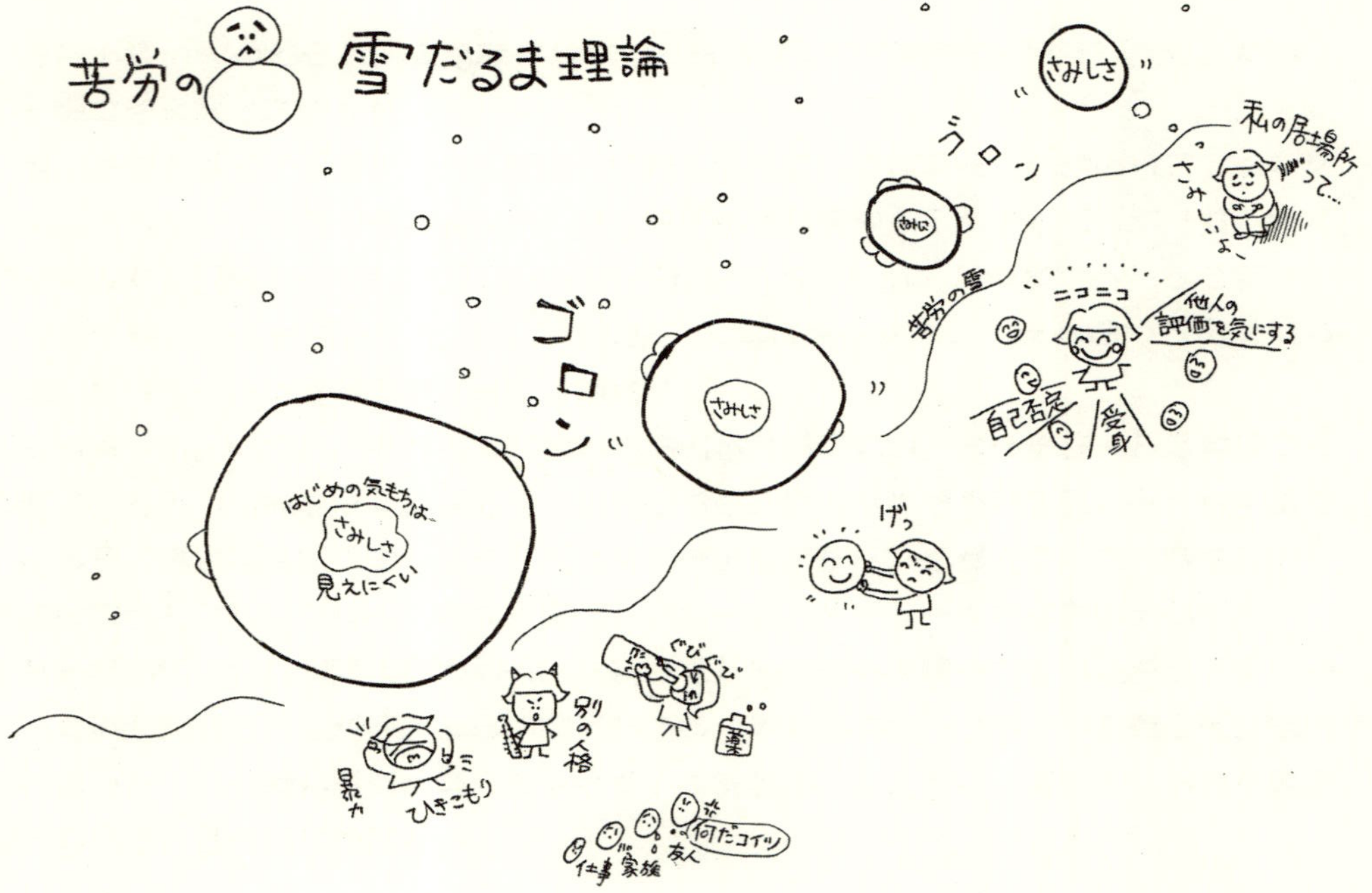
苦労の雪だるま理論
さみしさ
ゴロン
さみしさ
苦労の雪
私の居場所って…
さみしいよ
ニコニコ
他人の評価を気にする
自己否定
受身
はじめの気もちは…
さみしさ
見えにくい
げっ
暴力
ひきこもり
別の人格
薬
何だコイツ
仕事
家族
友人

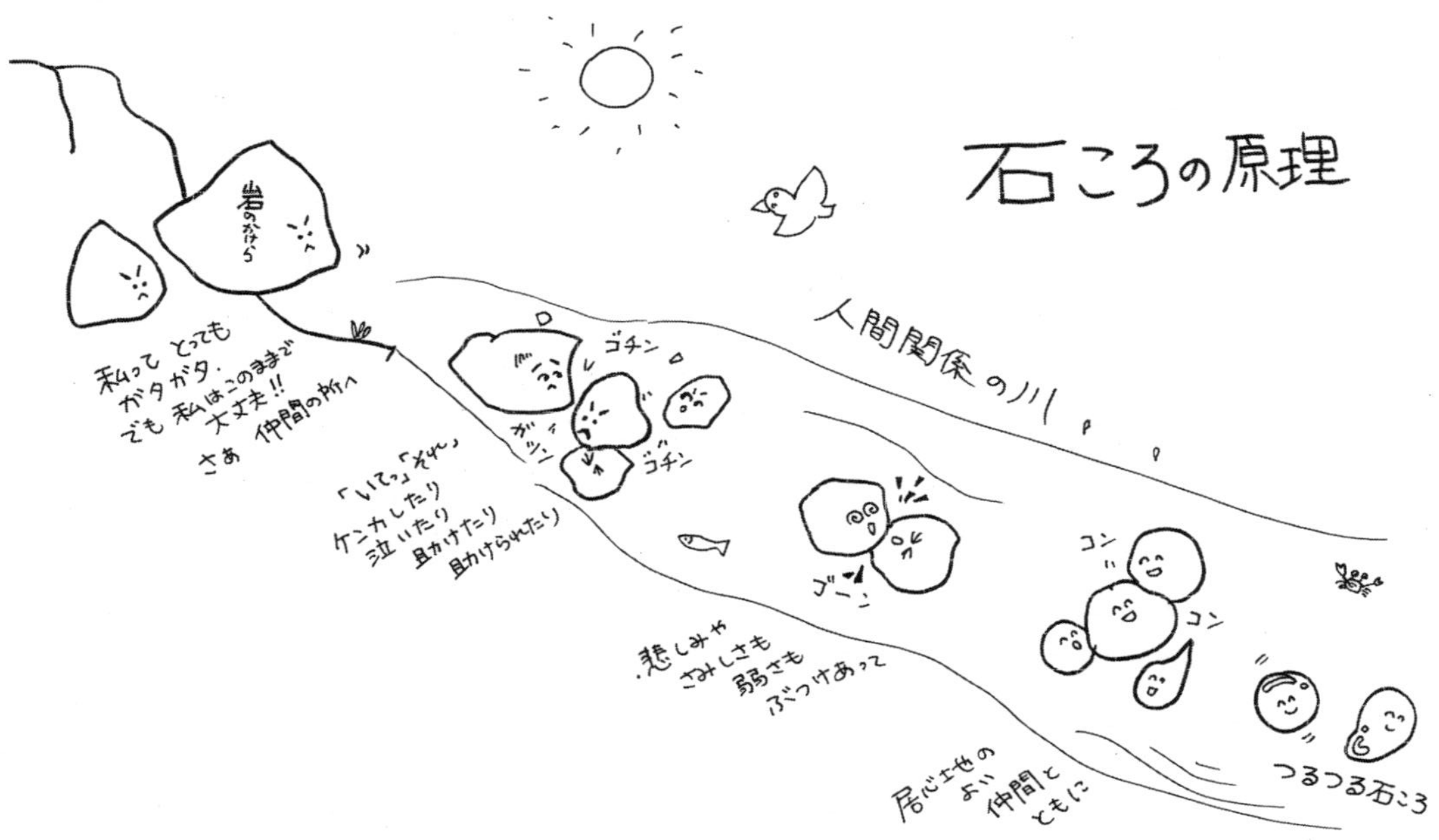
石ころの原理
岩のかけら
私って とっても
ガタガタ.
でも 私はこのままで
大丈夫!!
さあ 仲間の所へ
ゴチン
ガツン
ゴチン
「いてっ」「それ」
ケンカしたり
泣いたり
助けたり
助けられたり
人間関係の川
ゴーン
・悲しみや
さみしさも
弱さも
ぶつけあって
コン
コン
居心地の
よい 仲間と
ともに
つるつる石ころ

らかったろうなあ」と思ったが、それでも話を聞いたらやっぱり笑ってしまった。でもその笑いは冷たい嘲笑ではなく、温かい笑いだった。

彼が苦しかったことをみんなが一緒に感じながら笑っているようだった。心の中で悲しみを分け合いながら笑っている感じがし、その場にいて気持ちが温まる感じがしたのを覚えている。そして、私はそのときにはじめて「ああ、自分はこの仲間の中にいたら病気が治るかもしれない」と思った。

それから数年経って、私はあるスポーツ・サークルに入った。入院していたときと同じように、そこには年齢も経歴も実にさまざまな人たちがいた。私はそのサークルの中で何度もトラブルを起こし、爆発した。それによって離れてしまった人もいるが、それでも私と付き合い続けてくれた人がいて、私はその人たちを仲間だと思えるようになった。そして「仲間ができた」と思ったとき、あれほど強かった「淋しさ」と「この世のどこにも居場所がないと感じるつらさ」が、いつの間にか消えているのに気がついた。それは固く凍っていた雪だるまが、仲間という温かいお日様によって溶かされたような感じだった。

私は年齢も経歴も異なるさまざまな人たちと生々しい人間関係をつくることによっ

て、自分が回復してきたのだと思っている。その中で私は「自分がどんなに弱く歪んだ人間であっても、この人たちに蔑まれることはない。見捨てられることもない。自分はありのままでいいんだ」という自己肯定の感覚を、少しずつつかめるようになった。

私は自己肯定の感覚をつかんだときに、はじめて「自分の荷物は自分のものだ」と気がついた。自分が自分の面倒をみて、自分が自分を助けはじめたときに、私ははじめて、自己否定から来る問題行動で人間関係を壊すというサイクルから少しずつ抜け出しはじめたように思うのである。

川の上流にある岩のかけらは、最初のうちはゴッゴッとして幾つも角がある。でも下流に下る中で、他のかけらたちとぶつかり、もまれ合う中でしだいに角がとれていく。川の中では互いが互いに何度もこすれ合うので、どの石がどの石を丸くしたのかもわからない。彼らは互いにこすれ合うことで、なめらかな石へと変わっていく。そしてはるか下流まで流れ、海へ辿り着こうとするころには、石たちはそれぞれが、さまざまな形をした触り心地のよい小石になっているのである。

今の時代は、その「こすれ合い」の体験が少なくなり、人格障害系とは、その経験の希薄さによって、大人になっても「岩のかけら」のままに生きることを余儀なくされた人たちかもしれない。

6. おわりに

先日、この研究をまとめてプレ発表をする機会があった。当事者研究を、みんなの前で説明していて、最初の入院のエピソードにさしかかったときに、泣きそうになってしまった。今までの経験が走馬燈のようによみがえり、入院していた時期に仲のよかった人や、自殺未遂の話をした人のことも、全部まざまざとよみがえってきたからだ。

私は自分の回復について書きたかったが、それ以上に、そういう仲間たちがいて、苦しみを分け合えるようなかかわり方があったことを、いつかどこかで書きたかった。実は、入院していた当時から、それをみんなに知ってほしいと思っていた。

私は入院したときの仲間を、とても大事に思っていて、何か形にして伝え残したかった。そういう温かいかかわりをくれた人たちに、何かを返すことができたらとずっと思ってきた。だから、入院していたときの仲間に、「これで何かお返しできたかもしれないなあ」と思っている。

だから、このような機会が与えられ、多くの人たちに今回知ってもらえることは、本当によかったと思うし、協力してくれたべてるのメンバーに感謝したい。

最後に、この研究をして、メンバーの多くがいわゆる「人格障害」という病名に対して、違和感と自分の体験との落差を感じていることがわかった。

この研究が、人格障害系といわれる生きづらさを抱えた当事者の「人間宣言」として受け継がれ、新たな当事者研究がはじまることを期待したい。

「〝人格障害〟の研究　その二　見捨てられ不安の研究」

―〝嫌われショウコ〟の一生―

しあわせ研究所人格障害系研究チーム
発表者：加藤木祥子
協力者：西坂自然　山本賀代　秋山里子　吉田めぐみ　向谷地生良
文珠四郎・弥生　岩田めぐみ

1.〝嫌われ松子系〟の人間宣言

いま、人格障害は、さまざまな面で注目を浴びることが多い。事件がらみであったり、精神医療の現場でも、トラブルが絶えず扱いに困る患者は、〝人格障害系〟というレッテルを張られ、一種のダストボックスに送られるような扱いを受ける。

そこで、〝人格障害系〟といわれている女性メンバーが集まって〝人格障害系の人間宣言〟といった感じで、まずは自分たちの体験をまとめて報告する試みをはじめた。その成果の一つとして「〝人格障害〟の研究　その一」では、「苦労の雪だるま理論」と「石ころの原理」を明らかにした。

しかし、メンバーで議論していく中で、〝人格障害系〟といっても、個人によって微妙な差があることがわかった。今回の研究は、話題になった映画に例えていうならば〝嫌われ松子系〟のジャンルであり、〝人格障害系〟の本流といえるかもしれない。

2．研究の目的――自己破壊的なコミュニケーションから脱出する糸口を探す

研究の目的は、「見捨てられ不安」から生じると思われる自己破壊的なコミュニケーションからの回復の糸口を探すことである。そして、仲間と共にこれまでの経過を整理することを通じて、人とのつながりを取り戻すことがねらいである。

3．研究の方法――体験をノートに書き出して読んでもらう

まず思い出すままに、自分の体験をノートに書き出し、デイケアのスタッフや仲間に

目を通してもらった。また、繰り返して起きるトラブルなどのエピソードを、図を描いてみんなで検討した。

4. 苦労のプロフィール――〈自己病名〉魔性の女系人格障害幸せ壊しタイプ

・中二のときに字が読めなくなる

〝嫌われショウコ〟は、一九七七年生まれである。ちょうど一年前に縁あって浦河に漂着し当事者研究を開始した。現在は、〝人格障害系〟の苦労を抱える女性メンバーが多く住む女性の共同住居「きれい荘」に暮らしている。

〝嫌われショウコ〟は、祖父母と父母、私と二歳年下の弟の六人家族の中で育った。母は二四時間ヒステリックに怒鳴り散らしていた。そんな中でも、私は元来おっとりしておとなしいため、わがままもいわないい手のかからない、よいお姉さんだったように記憶している。

学校でも引っ込み思案だが優等生だったため、周りから私立の中学への進学を薦められたが、そのまま公立中学に入った。そして、周囲の期待を担い毎日ハードにがんばり過ぎた結果、中学二年生の夏休みに字を読むことができなくなり（このことを後に精神科医に話したら「活字恐怖症」だといわれた）高校受験を控える身でありながら一切勉強ができないというジレンマに苦しむようになった。

その結果、授業を受けるのも苦しく、学校に行くことが苦痛となり不登校になった。期末試験の間だけでも行こうと思ったりもしたが、どうしても字が読めなく断念した。中学三年生になってからは、やけくそで学校に行き、授業中は寝て過ごし、テストは白紙で出した。この時期はかなり苦しかったが、親や教師や友達に説明する術が何もなかった。

そのほかに起きた異変は、一二歳までの記憶を失ったことである。そして、次にとった新たな行動は、夏休みの夏期講習の最終日に、学校の荷物を全てまとめ、「もう二度と学校にこないから」と宣言して学校を後にすることだった。

・記憶が戻り女であることへの違和感を持つ

以後、本格的に〝嫌われショウコ〟としての道を突き進むことになる。家に引きこもり自殺の計画を一人で練った。二度目の自殺未遂の後、はじめて自ら精神科クリニックを受診する。初受診で精神科入院を希望したが主治医の反対によりかなわず、主治医のコネで産婦人科クリニックの一室に入院することになる。しかし、二か月で退院せざるを得ず母方の祖母の家に居候するが、そこからも出ていかざるを得なくなり、自分にとっては地獄のような実家に戻ることになる。

絶望的な気分の中で、毎日のように不安発作に襲われ、一日の大半を胸の苦痛に襲われながら過ごした。精神科クリニックへの通院も続いた。そのうち家の外での問題行動が目立つようになってきた。この辺から〝嫌われショウコ〟の本領が発揮されることとなる。不特定多数の男性との交際や人間関係のトラブル、自傷行為や自殺未遂、摂食障害と引きこもり、失声、買い物依存と恋愛依存、大量服薬、家出、活字恐怖、潔癖性といったように、人格障害系のエピソードのオンパレードであった。そんな中で、主役の私も家族も、共にボロボロに疲れていった。

そんな〝嫌われショウコ〟の暴走を止めるために、二三歳のときに精神科への保護室入院も経験した。それを期に一人暮らしを始めたが、問題行動はますますエスカレートし、トラブルと入退院、引きこもりを二六歳まで繰り返した。

最後の一年間の引きこもりのときには、一二歳以前の記憶がほろほろと戻り出したのと同時に、性的アイデンティティーが破綻して、自分の体が女であることに、強烈な違和感を抱くようになった。そして、暮らしに行き詰まりを感じ、これから自分はどうやって生きるかを考えたとき「浦河に行こう」と決意し、二〇〇五年六月、単身海を渡った。

5. 研究の成果①「オタマジャクシ」と「オオサンショウウオ」

当事者研究の話し合いの中で、ワーカーの向谷地さんから、最近、新聞に載っていたという話を聞いた。オタマジャクシとその天敵のオオサンショウウオの飼育実験の話である。オタマジャクシと天敵のオオサンショウウオを、並べて飼育すると、オタマジャクシは、オオサンショウウオに食べられまいと体が二倍に育ち、オオサンショウウオは、オタマジャクシを食べられるように顎の大きさが二倍になり、両者を離すと元に戻るという内容だった。

つまり、生物には、置かれた環境に適応しようとする自然のメカニズムが常に働いているのだ。メンバーからは、その話は自分たちの経験に似ているという声が多かった。

というのは、〝人格障害系〟の女性メンバーのエピソードは、常に家族や身近にいる人との関係、そこにどのように切り込むかにまつわる出来事として起きているからである。

共通にあるエピソードの土台は「感情の抹殺」である。「自分の感情をいちいちキャッチしていたら生きていけなかった」というメンバーの山本賀代さんの言葉が、一番それを象徴している。あくまでも〝生き抜く〟ための方法として「自分の感情をキャッチしない」暮らし方をして、現実への〝適応手段〟として、ありとあらゆることを犠牲にして、さまざまなエピソードを繰り出すことも、〝人格障害系〟の特徴である。

それらは、現実への適応手段としてあくまでも生き抜くための方法である。そして、緊張の絶えない人間関係の中で生きていくには、周囲を観察する鋭い感覚が必要になってくる。その結果、人の顔色をうかがって機嫌をとったり、人の気持ちを操作するコントロールとしてのコミュニケーションも発達する。〝嫌われショウコ〟も、幼少のときからそうしたコミュニケーションをとってきた。それが、当たり前だと思っていた。

6. 研究の成果②〝人格障害系〟を生きる技と報酬

現実に適応しようとするあまり、オタマジャクシの体が二倍に肥大化したり、オオサンショウウオの顎がふつうの倍になるように、〝人格障害系〟の苦労を抱える当事者は、その現実を生き抜く手段としてさまざまな技を身につけるようになる。

技は、私たちが生きていくため、日常生活を送るために必要不可欠なものであるが、今回、どんな技を持っているかをメンバーで開陳し合い、整理をしてみた。

●第一の技：顔色をうかがう

まず、過剰適応の結果として、人の顔色をうかがうことが上手だ。就職に際しては、好印象を持たれ面接は通りやすい傾向がある。しかし、共通しているのは、一〇〇％長続きしないことである。

●第二の技：魔性の女

次に、見捨てられ不安をうまく訴える、あるいは相手の見捨てられ不安を刺激することで、母性的受容を求めるタイプの男の心のツボを刺激する。その結果、恋愛に事欠かなくなる。男は、ついつい「愛されている」「自分は必要とされている」と思いこむのだ。これが苦もなくできるようになると、めでたくも「魔性の女」という称号がいただける。

●第三の技：人間関係は使い捨て

三番目として、人間関係を使い捨てにする技である。私たちにとって、感情に食いこむ人間関係は、煩わしい。人間関係を希薄に保つためには、人間関係を使い捨てる術（いつでも逃亡、いつでもドタキャン）は、欠くことのできないものである。

●第四の技：助けてポーズと助けるよアピール

四番目は、常に「助けて！」というポーズと困っている人を助けるよというアピールをすることである。これは、とても重要な技である。両者とも表面上は、他人とつながり続けながら、さまざまなトラブルや問題に絶えずもまれることは、私たちが生き抜くための重要なスキルとなる。それによって、自らの感情に目を向けなくて済み、感情を抹殺できるからである。問題が起きないという静けさは、本当に体に悪い。

●第五の技：幸せ壊し

五番目は、幸せ壊しの技である。これは、見捨てられ不安の裏返しの技で「見捨てられるぐらいなら、見捨ててしまえ」という心理状態によって生じる。技としては「悪者になる」「嫌われる」「自分を低く見せる」という手法を用いる。この技が大変なのは、次第に歯止めがきかなくなることである。これらの技には副作用もある。効果は一時的であり、紛らわしたりごまかしたりするそのたびに、本来の虚しさが倍になって襲ってくる。だからその虚しさにびっくりして、さらに同様の行動をとり、再び虚しさに襲われる。この悪循環で、行動がどんどんエスカレートするのである。しかも、あちこちに敵ができて、居場所を次々となくしていく。

7. 研究の成果③「見捨てられ不安のコミュニケーション」から脱出するために

〝嫌われショウコ〟は、浦河に来るまでは「見捨てられ不安のコミュニケーション」しか知らなかった。自分がどうしようもなく異常で、病気なのはわかっていた。何とかしたいと心から思っていたが、このコミュニケーション法から脱却できなかった。しかし、浦河にはいろんなことを教えてくれる場や仲間や専門家がいて、日常そのものが「学びの場」となっている。そこで、これまでの学びのプロセスを整理してみた。

●学びと練習の方法

(1)入念に〝気持ちチェック〟をし、人前で語る。

「気持ちは他人にある」ものだと思っていたから、これまでは、人の気持ちを操作していたが、自分にも気持ちがあると知って毎日入念に〝気持ちチェック〟を行うようになった。そして、ミーティングの場で語る練習をした。

(2)受け入れられる体験をする。

具合が悪くても引きこもらずに、どんどん人の中に入っていく。自分の弱い部分を見せたり、失敗したり、SSTでお客さんとの付き合いを泣きながらも行い、どんな自分でも絶対排除されない、弱くて恥ずかしくて間違っていても責められないという体験を、何度も何度も経験した。それによって、他人に対しても自分に対しても安心できるようになっていった。

(3)同性とのコミュニケーションを獲得する。

女性だけの共同住居(レインボーハウスやきれい荘)で女の子だけで過ごすことを体験し、女性だからこそ語れる安心な空間がある、こんな世界があるということを生まれてはじめて知った。ここで受け入れられた体験が大きかった。女として人間としての自分に自信が持てたことで、男に必要とされなくても私は生きていける、生きていていいんだと思えて、恋愛依存、男をコントロールすることを手放す勇気を持てた。

●新たなコミュニケーションの方法

(1)気持ちに正直に相談する。

どんなことでも隠さず、嘘をつかず、正直に相談して解決する。このスキルは大きかった。

(2)ＭＴの活用。

自分を大事にするためのプログラムを継続する。

(3)女友達との交流を意識して心がける。

(4)他人の世話より自分の世話をする。

自分の気持ちや生活の世話を優先して、自分中心に日々を送る。今まで自分を傷つけてきた分、これからはいつも自分を助けてあげたい。自分を見捨ててきた分、これからはいつでも自分の味方でいてあげる。常に自分を一番大事にしてあげることを心がけている。

8．まとめ——「予定が立つ暮らし」ができるようになってきた

今までは、自分の問題や苦しみ、つらさや悲しみを扱いきれなくて、現実から逃避する手段として問題行動を起こさざるを得なくなっていた。でも浦河で自分の問題やつらさ、悲しみとうまく付き合っていくためのスキルを身につけることができて、自分で自分の荷物を抱えられるようになった。

こんなに醜く恥ずかしい自分は絶対人に知られてはいけない、何とかしてサトラレないように隠し通してきた。しかし、浦河ではどんなひどいことを話しても、醜いことをさらけ出しても受け入れてもらえるので、正直に語ることで楽になっていく素晴らしさを知って、自分に正直なコミュニケーションを身につけることができた。

それによって、明日、何が起こるかわからない、明日、自分がどうなってしまうかわからないような刹那的な生き方ではなく、一週間後、一か月後の予定が立つ暮らしがはじめてできるようになった。そのことが自分の回復や自立につながり、症状もどんどん落ち着いてきていると思う。

現在は自立をめざして、自宅近くの介護用品のお店「ぱぽ」での就労にチャレンジし

ている。また、同性の仲間（自分のコントロール障害の山本賀代率いる「むじゅん社」メンバー）と共に、同じ苦労を抱える仲間を助ける活動、べてるの存在を世に伝える活動をはじめている。これからの自分の成長、回復、仲間との関係づくりに期待したい。

浦河の神様、ありがとう。

「人間アレルギー症候群の研究——第一弾」

—居場所を求めて九〇〇〇キロ—

人間アレルギーの研究班
発表者：秋山里子
研究メンバー：山本賀代　泉奈津子　岩田恵　吉野雅子
協力者：向谷地生良　鈴木富美子　大濱伸昭

1．はじめに

秋山里子の自己病名は「人間アレルギー症候群」である。「人間アレルギー症候群」とは、自分も含めた「人間」に対して起きるアレルギー反応である。抗原＝アレルゲンと化した人間に接するとさまざまな症状が出現し、生きていくことが困難になる。その結果、この八年間で転職一二回、転居を一四回行い、常に「人間アレルギー症候群」を抱えた自分の居場所を探し求め続けてきた。

この人間アレルギー症候群は、多彩な症状をもたらす。その症状のベースには、巨大な自己否定の感情が地下水脈のように張り巡らされている。だから、生きるテンションの低い自分がみんなの中にいると、周りの人のテンションも低くしてしまうように感じて、申し訳ない気持ちになり、それだけで出勤できなくなる。

人をまるで「異物」と感じ、弾こうとする体の反応を明らかに意識するようになったのは、一九歳のときであったが、今思うと、高校一年生のときにすでにその兆候があり、みんなが楽しみに思うことを楽しむことができない自分がいた。そのとき以来、脳裏には常に「死」という言葉が浮かび、周りの人に合わせることで必死になっていた。

私は、朝日新聞の連載記事で浦河を知り、昨年一〇月に来町し母と二人で暮らすようになった。浦河に来ても相変わらず引きこもる自分に、母は私の「自殺行為」を恐れ、外出するときにはいつも包丁をバッグにしまい、家に置かないようにしていた。

しかし次第に、自分はべてるのメンバーと触れ合い、日赤病院のデイケアに通いはじめるようになる。その中で同じような苦労を抱えている仲間と出会ううちに、「人間アレルギー」というテーマが見えてきた。

2. 研究の目的

今の時代「人間アレルギー」で悩んで生活している人は多数いる。引きこもりや、不登校、過食症、リストカットなど一見、別々なテーマのように見えながらも、そのベースには、自分や人間という存在に対するぬぐいようのない否定的な感情があった。

この研究を通じて、あらためて自分と人を知り、現代病ともいえる「人間アレルギー症候群」という自己否定のメカニズムを解明し、より良い人間関係を築くことの手がかりとしたい。

3. 研究の方法

「人間アレルギー症候群」に苦労するメンバーを募り、ミーティングを行った。そこで、症状の起きやすい場面や症状、そのメカニズムについての解明、そして対処方法についてのそれぞれの体験を出し合い、整理した。

4. プロフィール

今思えば、保育園のときから集団生活になじめなかったような気がする。しかし、そのことが、それほど自分にとって大きなテーマとなることはなかった。中学時代も、これといった悩みも思い浮かばないほど、運動好きの平凡な学生生活を過ごした。

波乱が起きたのは、高校に入って間もないころであった。長い間親しんだ子ども時代からの友達のつながりが突然途切れて、全く新しい人間関係の中に放り出された瞬間、頭の中に霧がかかったようなモヤモヤとした不快感が始まった。それが、最初の兆候であった。内科の病院に受診しても異常なしといわれたが、原因不明のその状態は卒業するまでの三年間続いた。

楽しいことを、楽しいと感じることができなくて、何とかそれに適応しようとがんばっても、いつも虚しい気持ちに支配されていた。「どうして、自分は、周りの楽しい気分についていけないのか」という自罰的な気分に襲われて、しまいには自分という存在自体が疎ましく思えてしかたがなかった。

神奈川の短大に合格したものの、そこで出会った学生という不特定多数の「群れ」を意識した途端、その場から逃れることばかりを考えるようになった。自分のテンションを上げるために、朝から焼酎を飲んで学校に出かけることも試みたが、一時的に感覚を麻痺させるだけで、つらさは変わらなかった。そこで、短大は半年で辞めてしまった。

バイトにも挑戦した。しかし、職場の同僚と昼食をとることもできずに、公園で一人食べる自分がいた。海外にあこがれて違った環境に自分を置こうと考えて、ニュージーランドにも行ってみた。しかし、一つの場所にいることができずに、バイトも住む場所も転々として、同じことを繰り返した。

そこで起きたことは、「過食」であった。一人でいる時間を紛らわすように、食べることに執着していた。一五キロも太り、帰国のときには、迎えにきた家族が別人と見間違えるほどだった。

その後は、居場所探しともいうべき転職と転居を繰り返しながら、「人間アレルギー症候群」は、ますます悪化の一途をたどった。常に人の目が気になり、どう話したらいいのかわからず、自分の気持ちを表現できず、仮面をつけて生活せざるを得ない苦しさが、日増しに募っていった。

自己肯定感もなく、自分を受け入れられない自分に対し自己虐待は数知れず、死ぬことばかり考えるようになった。まるで死神に支配されたように、電動のこぎりで腕を切り、体に火をつけ、水銀体温計を壊して水銀や電球のフィラメントを飲んだ。一人で考えることは「死」ばかりであった。

精神病院にも強制入院になった。全身を拘束されて、多量の薬を飲まされて、話すことも考えることもできずに、歩くとよだれが出てくるので、いつもハンカチを持っていた。それでも「死ぬ」という念慮は消えなかった。生きていることが不思議なくらいの絶体絶命のボロボロの状態で、私は浦河にやってきた。

5.「人間アレルギー症候群」の特徴と対処

「人間アレルギー症候群」研究班のメンバーで、それぞれの「症状」を出し合った。その内容を、「症状が起きやすい場面」「起きる症状」「行動面の変化」に分けて整理した。そこで明らかになったのは、人と接する場面のどこでも症状が起きていることである。電話・買物・学校・職場・家庭全てが、その症状の発生場所となる。家の中でも、存在を消すために抜き足、差し足で歩くほどである。

そして、緊張感や冷や汗、動悸、息苦しさ、においに対する過敏性、ノドの乾き、胃の圧迫感、脳の収縮感、頭痛にさいなまれるようになる。

自分を守るための手法として、「においのお客さん」がきたときには、自分にコロンをふりかけガードしていた。コロンのにおいが自分のベールとなり、実際には、外からのにおいの刺激が少なくなる。「においのお客さん」には種類があり柑橘系のにおいは「しっかりしろ」、ソース系のパンのにおいは「もうここにいるな」というものである。

また、「音のお客さん」がきたときには、音楽を聴いて他の音からガードし自分の世界に入った。たとえば、道を歩いていると、車の走っている音が、「歩いてんじゃないよ」と一台一台がいっている気になる。そのような「音のお客さん」の症状をキャッチすると、それを解消しようという独特の行動パターンにはまる。落ち着きがなくなり、視線も落ち着きを失い、集中力がなくなる。そして、その場から離れるとホッとする。結果的に、一人の時間が多くなる。

アレルギー反応が起きないのは、人間がいない所、動物と一緒のとき、安心できる人と一緒にいるとき、焼きたてのパンのにおいがあるとき、人から話しかけられるとき（自分がいていいという気持ちになる）である。それは、誰かに覚えられていて、必要とされる感覚が何よりも大切だからである。

もう一つ、メンバーの暮らしぶりで特徴的なのが、トイレには消臭スプレー、芳香剤、除菌クリーナー、香りつきのトイレットペーパーを常備して、身も心も常に「除菌」にこだわる傾向である。

心の汚れは許せない、心は汚れてはいけないというメッセージが、常に暗黙の了解となって生活を束縛しているのである。必要以上に、汚いもの、汚れているものを嫌悪する。だから、自分の心の状態のチェックを怠らない。美しい宗教音楽を聴いて、神聖な気分を保つメンバーもいる。そうやって、日々の心の雑菌を「消毒」する。

時には、酒を飲んで心の雑菌に無神経になるようにもする。湯船につかり、恨みつらみを吐くもいい。特にアレルギーの強い人からもらったものを捨てるのには、効き目がある。さらには、食器の傾きや部屋のほこり、髪の毛一本一本を拾って歩く。物の置き場所を気にして帰る。大根を用意して、ひたすら千切りをするなどしながら、ストレスの解消と除菌行動に打ちこむのである。

周りから提案される「いい加減」な生き方も、しっかりといい加減でなければ気が済まない。「一直線」とか「混じり気のない」感覚にいつもとらわれる。そして、「強く・明るく・元気な子」「強い心と体」という〝そうあらねばならない〟という強迫的な努力、社会の中にある画一的な基準に自分を合わせようとする涙ぐましい努力も、メンバーの特徴である。

6. 考察

以上の「人間アレルギー症候群」の研究を通じて明らかになったことは、次のことである。

①「自分らしく生きる」という当たり前のことの難しさ
②人間に対するアレルギー反応が起こっても、それぞれ人を求める感覚を持っていること
③自分を否定もせず、肯定もせずに受け入れることの難しさ
④集団生活の中では、「集団の中の自分」という仮面をつけなければ輪の中に入れなかったこと
⑤人とのつながりを感じるには、「言葉」が必要であること

⑥一般社会の中では、弱さや苦労を見せてはいけないものとなっていて、自分たちもそのように振舞ってきたこと
⑦自分自身の内面と向き合うことは、つらいけれども大切である
⑧みんなは、学校や社会の枠組みの中で、自分を殺してきたこと
⑨〝居場所〟を求めて転々とした経験からいうと、やっぱり〝居場所〟が大切

7. まとめ

混じりっ気なしの純粋な生き方なんてあり得ないのに、脳のどこかで、そういう感覚を求めてしまう。そして、いつしか自分の心の底辺には否定的な感覚が植えつけられてしまい、自分で自分を肯定することが難しいから、常に人からの肯定を求めようと必死になっていた。

今、ようやく安心を得て「自分の存在もありなのかな」という感じを確かめている。「生」と「死」は両極端のようでありながら、同じ方向を指している。「死ぬために生きる」。この矛盾した感覚がどうも落ち着かない。人として生まれたからには、やっぱり

人と人とのつながりを感じていきたい。

目を閉じたときに、暗闇の中にポツンと存在する自分を見ると「何て儚(はかな)いんだろう」と思う。物や情報の中に存在していると、何だか力を得たような気分になる。でも、そういうものは幻の感覚なのかもしれない。短大を中退して以来九年間、ずっと同じ苦労のサイクルを繰り返してしまった。

自分の居場所探しの旅は、海外も含めて九〇〇〇キロにもおよび、やっと今、浦河にたどりついた。ここでは、自分の気持ちを当たり前に公開できて、自分の気持ちを語れる場がある。そして、それを聞いてくれる仲間がいる。

気持ちを言葉にする……そんな当たり前のことがどんなに大切なことであったのか、ここに来て改めて気づかされた。人と人が心で触れ合えるあの感覚。浦河に来てそういう人から感じるやさしさに触れ、幸せを感じている。

みんな、弱さを持っているからこそ、心と心のコミュニケーションが成立するのかもしれない。人は人の中で存在し、死を迎える。だからこそ、人として生まれた意味を追求したい欲求が消えることはない。

「人間アレルギー症候群」の研究も、今、はじまったばかりである。自分という体の中に、なぜか人を排除しようという仕組みが組みこまれ、自分を追い詰めていくという現象を考えていくことは、蔓延するいじめや虐待の問題とも、どこかつながっているような気がする。これからも、引き続き、このテーマを追っていきたい。

「人間アレルギー症候群の研究——第二弾」

—回復へのプロセス—

人間アレルギーの研究班
発表者：秋山里子
研究メンバー：木村名奈　吉田めぐみ　吉野雅子　山本賀代　泉奈津子　岩田恵
吉野雅子
協力者：向谷地生良　鈴木富美子　大濱伸昭

1．はじめに

まず「人間アレルギー症候群」とは、自分も含めた「人間」に対して起きるアレルギー反応である。抗原＝アレルゲンと化した人間に接するとさまざまな症状が出現し、生きていくことが困難になってしまう状態を、そのように表現することにした。

そして、前節で発表した第一弾「人間アレルギー症候群の研究——第一弾　居場所を求めて九〇〇〇キロ」では、「自分という体の中に、なぜか人を排除しようという仕組みが組みこまれ、自分を追い詰めていくという現象」を引き起こす背景を、研究メンバーの語りの中から整理した。

今回は、その続編として、「人間アレルギー症候群からの回復」をテーマに、仲間と研究をした。

2. 研究の目的

引きこもりや、不登校、過食症、リストカット、幻覚・妄想など一見、別々なテーマのように見えながら、ベースに「人間アレルギー症候群」を抱えて苦労している人たちが増えている。前節では、それらの苦労の根底にある「自分や人間という存在に対するぬぐいようのない否定的な感情」を明らかにした。

このたびは、秋山里子他研究メンバーの体験した「自己否定のメカニズム」を参考にしながら、「回復とは何か」「回復に向けて必要な要素」を明らかにしたい。

3. 研究の方法

「人間アレルギー症候群」に苦労するメンバーを募り、ミーティングを行った。そこで「回復」をテーマに検討を重ねた。そして、自分の実感する回復のイメージと、何が自己否定に陥りがちな自分を励まし、生かしているのかについて語ることを通じて、回復の要素の抽出を試みた。

4. 「秋山里子」の苦労のプロフィール

不器用にしか生きられない人たちがいる。常に場の空気に高いアンテナを張り巡らしながら、必死で自分の居場所を確保しようとがんばっている。一〇人いたら一〇人、一人ひとりに自分を合わせ、さまざまな仮面を使い分ける。

そんな体の色を変えていくようなカメレオン的行為を繰り返しているうちに、自分自身が見えなくなっていく。相手のことを理解することが自分の役割であるかのように、何とか相手の波長を察知しようと努力する。

心の根底には、「人から必要とされたい」「認められたい」「愛されたい」といった目に見えない強い願望が、静かに潜んでいる。それと同時に、「結局自分は一人だ」というあきらめにも似た無力感も混在し、現実に拭いようのない虚しさを感じている。

人とつながりたい気持ちと、両極端に持ち続けているこの気持ちのアンバランスさに比例して、心の不安定度も増していくのだ。自分の内面をコントロールするリモコン操作が結構難しくて、イライラさせられる。

浦河に来る前、半年間病院で薬漬けにされていた。入院のきっかけは、自己肯定感もなく、自分を受け入れられない自分に対し死ぬことばかり考えるようになり、まるで死神に支配されたように、物置の電動のこぎりで腕を切り、体に火をつけ、水銀体温計を壊して水銀や電球のフィラメントを飲むという自己虐待行為がきっかけであった。一人で考えることは「死」ばかりであった。

あの日のことを思うと吐き気がする。思考力は停止し、感情の表現はほとんどなくなり、呂律が回らなくなるほど行動の自由を失い、目は虚ろでまるで腐った魚のようだった。歩行中に何かを口にしようとすると大量のよだれが流れ、ハンカチで必死に押さえた。

ある日突然、両手の指先に力が入らなくなり、髪を洗うことも歯を磨くこともできない状態になった。主治医にそのことを話すと、一言「注射すれば治る」といった。注射だけは嫌だというと、薬を調整しながら少しずつ治していこうといった。

今考えるとあの状態は何だったのかと怖くなる。一八錠の薬の効果は全くなく、死にたい願望が常に自分を襲い、病院の屋上から何回も飛び降りようとした。体だけがかろうじて生きていて、心は完全に死んでいた。自分の感覚が全くないままに生きている状態は、現実の世界と自分の体が分離しているみたいで、宙に浮いた感じだった。そして退院し、抜け殻のような状態で浦河にやってきた。

5.「秋山里子」の回復へのプロセス

浦河に来ても一か月は悪夢のような日々だった。死にたい念慮が頭から離れず、死ぬことを生きる支えとしていた。一日を布団の中で過ごす何ともいえない虚しさが、体中に充満していた。そして「具合が悪い」といっては日赤病院の精神科を受診していた。一週間に二度目の受診をしたときである。主治医から「医者にかかり過ぎだよ。みんなから〝栄養〟をもらうことが必要」といわれた。すると、いつの間にか自然と人が恋しくなってきた。そして、憂鬱な気持ちを押し殺せないまま、浦河日赤病院のデイケアに行くようになった。

しかし、何の言葉も出てこなくて、話せない自分になってしまったと思った。デイケアの楽しい雰囲気の中にいると、急に悲しい気持ちで一杯になり、涙がこぼれた。自分は何かを楽しんではいけない存在のような気がしていたからなのかもしれない。人を見るのも嫌なくせに一人でいる孤独には勝てず、ただボーっとその場に居続けることだけが、自分にできる唯一のことだった。

デイケアの朝のミーティングでは「今日の体調、気分、良かったこと」を一人ずつ話す。私は何度か社会人を経験したけれど、朝礼などでこういったミーティングに出会ったことはない。このミーティングの繰り返しによって、私はかなり言葉を人前で発する練習が積めたと思う。そして自分自身の内面と向き合うチャンスをもらった気がする。

体調や気分は目に見えないものだから、日頃見過ごしがちになるけれど、毎朝このミーティングのたびに自分チェックをすることで、大きく心のバランスを崩すことも減ったし、精神状態が袋小路に入っていきそうになる危険信号にも気づくことができた。何より「気持ちを言葉にする」というごく当たり前の行為が、自分の支えになることを発見したことは大きい。

デイケアのプログラムは、午前中が作業療法的なもので午後がミーティング、SST、薬や病気に関する学習会という内容で、自分を見つめるきっかけを与えてくれた場である。

初めはみんなの中にいると否定的な〝お客さん〟――周りの人から自分が責められているような気にさせる思考――に苦しめられた。自分がその場にいてはいけないような気分にさせてくる〝お客さん〟は、周りにいる一人ひとりが私の体に矢を突き刺してくるようなつらさをもたらす。人が多ければ多いほど矢の数は増えるので苦しかった。

でもそういうこともミーティングの場で話し、みんなに聞いてもらうことで、心の〝お客さん〟は減っていくことにも気づいた。それは周りに対する敵対心と自分をガードするバリアの減少にも似ている感覚だった。

自分の気持ちを相手と共有することによって、相手を異物としてとらえている感じから少しずつ解放されていく。そうすることで自分も安心でき、相手に対しても安心感が芽生える感じだった。そういった何気ない気づきの積み重ねによって、自分のさまざまな葛藤を知り、相手のことも少しずつ見えてくるようになった。

6. 回復のポイント

●その1「自分を助ける」

浦河に来てはじめて耳にした言葉の中に「自分を助ける」というのがある。私の中には今まで「自分を助ける」という言葉はなかったし、むしろ自分を責める言葉ばかりを無意識に用いていた。

自分を知ることによって今までの苦労のサイクルが見えてくる。それに対して自己対処、自分の助け方のスキルをいかに身につけていくか、これがデイケアの中で学んでいったことだ。

自己対処は人それぞれ違うが、スキルを持てば自分の中に一つ武器を持ったようなものだ。自分とは全く違った病気を持っている人の中にも、自己対処の共通点は多々あることに気づいた。それは人がそれぞれ抱えている苦労は、違うようで似ているといったことにつながっているのかもしれない。

自分ひとりで苦労を抱えこんでいると、何だか自分だけが悲劇のヒロインになったかのような気持ちになるけど、それを人前で言葉にすることによって自分の苦労が生きてくる。命を吹き込まれたように活き活きしてくる。

浦河に来る前は苦労が笑いに変わるなんて想像もしていなかった。これまでは、一人クヨクヨ悩みせいぜいノートに自分の思いを書きなぐって反省し、また落ちこむみたいな繰り返しだった。自分の中の〝心のシャッター〟の開け方を知らなくて、どんどん自分が苦しくなっていた。相手を傷つけるんじゃないかと不安で、言葉をどう使っていいのかわからなかった。

それは、一人で堂々巡りをするだけで、脳に悪影響をおよぼすだけだと思う。人は同じことを何度も繰り返し考えていると、暗示にかけられたような状態になることも知った。現に私はずっと死にたいと繰り返し思っているうちに、本当に自殺未遂という行動に体が翻弄された。あのころの私の脳は、「死」という有害物質に完全に汚染されていたと思う。

●その2「仲間の力」と「場の力」

暴走する「死への思考回路」を止めたのは、浦河で出会った仲間たち一人ひとりの力だ。浦河でいう「仲間の栄養」。そしてミーティングという仲間でつくり上げる「場の力」。

私は何一つがんばってもいないし、ただ場の中に居続けることだけを積み重ねただけだ。最初は周りのことばかり気になっていて、自分の気持ちなど遠いところにあったと思う。自分の気持ちに気づけるまでには数か月を要した。週一回の受診とデイケア通いの日々は半年におよんだ。

本当の苦労を語れるようになるまでは準備が必要で、言葉が足りないと話したくても話せない。ミーティングでは何度も逃げ出したい場面があったし、自分の緊張が相手に伝わるのではないかと気になってしかたなかった時期もある。今でも〝心のお客さん〟は健在だ。そしてなぜだか分からないけど罪悪感が常につきまとう。

でも対処方法が以前とは違ってきている。「大丈夫だよ」とか「落ち着いて」と自分にやさしい言葉をかけられるようになってきている。「自分にやさしくなる」。こんな考えは全く思いもよらなかったことだ。

人にやさしく、自分にやさしくなれたら何だかハッピーな気分だ。自分との付き合い方ができるようになったら、人との付き合い方もうまくいくのかも知れない。人との距離感はその中でも一番難しくて、私の場合は近づき過ぎたり離れ過ぎたりしてしまう。

●その3「言葉のシャワー」

デイケアのミーティングで毎回言葉のシャワーを浴びてきた。人の声、輪の中から生まれる笑い、争う言葉、一人ひとりの持つ切実な苦労と語られる感情をまとった一つひとつの言葉、一人では歪んでいることに気づけなかった自分の誤った考えの数々。全てが人から教えてもらったことばかりだ。

一人で抱えていれば独り善がりな考えで終わってしまうけれど、仲間の中で話すと色が加わる。自分で一色と決めつけていたものが、違う色に変化していく。主治医に「みんなからバランス良く栄養をもらいなさい」といわれた意味が、今なら何となくわかる。誰か特定の一人からでは栄養が偏ってしまう。人間はカルシウムだけを摂取していてもバランスを崩すのと同じだ。

7. 考察――「話すこと」からはじまる回復

今関わっている全ての人たちが私の心の支えになってくれている。誰がではなく一人ひとりが。人がそれぞれ有しているパワーは、他の誰かと比べたりすることはできないもの。潜在的にある可能性という未来形に近い希望を、一人ひとりから感じる。

たまたま偶然にこの時代、そして日本という場所に生まれた同士たちがいる。一〇〇年近くを共にする仲間たち。その一〇〇年後にはまた新たな同士が現れる。人間の営みはその繰り返しのような気もするけれど、その中に希望や夢があれば、生きていくという作業も無理なくできるのではないか。ありのままに生きるという一見一番楽そうに思えることが、実は一番難しかったりもする。

結局私は寂しがりやで、一人では生きていけない弱い生き物だ。高校時代から現在に至るまで、かなり自分の世界だけで生きてきた私が、最終的に求めたものは「人」だった。「人と一緒にいたい」「人とわかり合いたい」。そんな小さくもあるようなことが一番してみたかったこと。

周りに人がいるときといないときは別世界だ。空気の色も温度も一人ひとりの持つ個性が生み出していく。言葉を使ってコミュニケーションすると、心も体も健康になっていくと思う。ネガティブな思考もそれ以上悪化することはなくなると思う。回復は話すことからはじまる。

8．おわりに

浦河に来て改めて「人」と関わることの大切さを知った。人間関係を築き維持していくことが苦手な私が、今は人との関わりを何よりも必要としている。

今、これまでの転職一二回の経験と、「人間アレルギー症候群」を通じて学んだ〝知恵〟を活かした起業を計画している。メンバーは、「人間アレルギー症候群」を抱える女性メンバー四人である。

起業のキーワードは「女性」「病気」「過疎」「金欠」である。企業理念も、話し合った。「いつでも廃業」「心と身体にやさしい会社」「出勤したくなる会社」である。資本金もない。唯一の財産は、これまでの〝命がけの苦労〟という経験だけである。

会社の事業内容は、それぞれの持っている語学力、病気の体験、音楽、人脈という固有のパワーを活かし「人に安心を届ける」メニューを計画している。いつか、「起業の研究」もできるかもしれない。

最後に、人の体内にある自然治癒力と仲間の栄養が私の心を取り戻してくれた。全ての人に感謝の気持ちで一杯だ。

私に関わってくれている一人一人に〝ありがとう！〟

これからもよろしくね。

「〝サトラレ〟の研究」
―〝サトラレ〟から〝サトラセ〟へ―

べてるしあわせ研究所
発表者：吉野雅子
協力者：吉野雅子　秋山里子　加藤木祥子　橘秀樹　坂井晃　広瀬秀幸　清水里香

1．はじめに

自分の殻に閉じこもらないで、希望を持って、本音を話し、一緒に相手の気持ちを分かち合いたいと願いながらも、いつも現実は、だんだんと人から離れて孤立する毎日が長かった。短大に通っていたときは、特に大変で、バスや地下鉄に乗っても「自分の声が聞こえているはずなのに、周りは、知らない振りをして平気な顔をしている」のだという気持ちにとらわれて、途中で降りてしまったこともあった。

沸き上がってくる人に対する悪口、罵倒する声が、そのままで周囲に伝わってしまい、相手の心を傷つけているような罪悪感と、短剣で自分の胸を刺すようなその恥ずかしさといたたまれなさで、ますます引きこもる状態を繰り返していた。そのつらさを誰にもわかってもらえない圧迫感の中で、ひたすら耐えていた時間が長かった。

そんな中で、縁あって浦河で暮らすようになって二年が経とうとしている。浦河では、無条件で受け入れ合える仲間がいる。自分と同じ体験を持っている人がいるということを知っただけでも奇跡だと思った。

別ないい方をすると「空気」の違いである。どんなに〝吉野雅子〟がひどくても、その場に居続けられる安心感の中で、言葉にすることの大切さを知ることができた。現実に触れ合う仲間や人との触れ合いを通じて、「サトラレ」という苦労も、違って見えてきている。

このたびは、吉野雅子が一番苦労してきた「サトラレ」を仲間と語り合いながら研究し、そこから、新しい「サトラレ」の可能性を探った。

2. 研究の目的と方法

〝吉野雅子〟の「サトラレ」の苦労の最大のテーマは、分厚いコミュニケーションの壁をいかに取り除くかである。長い間、「サトラレ」に苦労してきた結果、自分を守るために周りにでき上がったコミュニケーションの壁を取り払いたいと思う。そのためには「サトラレ」のメカニズムの解明と、有効利用の研究が必要である。

研究の方法として、「サトラレ」体験を持つメンバーに「サトラレ」の一当事者として研究の情報協力者になってもらい、体験を語り合い、特に〝吉野雅子〟の「サトラレ」の成り立ちを、現実の人を使って再現する手法を用いて分析した。

3. プロフィール

〝吉野雅子〟の自己病名は、「統合失調症サトラレ型」である。物心がついたときから、正体不明の不安感や緊張感を抱えていた。周りから睨まれている感覚、親からも生まれてきたことを歓迎されていないという不思議な〝絶対感〟を持っていた。だから、子ども時代を、「妹のほうがかわいい」とか「頭がいい」という思いこみと、自分は劣っているという実感の中で過ごした。小学五年生のときに、すでに漠然と自分の心の中が読まれている感覚があって、つらかった覚えがある。

その結果、自分の気持ちを相手に伝えることに、いつも困難を抱えていた。高校二年のときに、街の中を歩いている人に自分のことが伝わり「死になさい」という声が聞こえるようになり、そのことを親に話すと心配して精神科に連れていかれた。

以来、これまでに二回の入院経験をした。何とか高校を卒業して短大に進学したが、結局、「サトラレ」がひどくなり二年で中退した。「サトラレ」に苦しみながら、街に出かけることもできなくなり、親子関係にも行き詰まってしまい、引きこもりの生活に陥って悶々としていたときに、父親がべてるのことを紹介してくれた。二年前のことである。

自分にとっては、とても勇気のいることであったが、思い切って札幌市内で開催されたべてるの講演会を聞きに出かけ、メンバーと出会ったのである。

図1　安心の先取り

4．「サトラレ」を再現する作業

「サトラレ」をわかりやすい言葉で相手に説明するということは、とても難しいことである。そこで、仲間に協力してもらい、日赤病院のプレイルームでロールプレイを用いて「サトラレ」の再現に取り組んだ。

〝吉野雅子〟の実感をいうと、自分の体とは別に、相手の体の中にも〝吉野雅子〟がもう一人いるような感覚がいつもある。私が心で感じたこと、思っていることを私の口でいう代わりに、他人の中に入りこんだもう一人の〝吉野雅子〟が、すでに伝えてくれているのだ。相手の体の中に居座るには、相手の承諾をとる必要があるかもしれないのに、申し訳ないが、いつの間にか「勝手に」入りこんだ状態かもしれない。

しかし、〝吉野雅子〟が抱く感情や気持ちには、相手に悟らせてしまっては都合の悪いものもたくさんある。自分に降りかかる否定的な気持ちも相手に伝わるが、自分自身の体（表情や声）が出す表現と食い違いが起こるために、相手の目を見て話すことができなくなることがしばしばである。

「サトラレ」のルーツとしては、〝吉野雅子〟の自己評価の低さが話題に上がった。自

図2　サトラセサイン

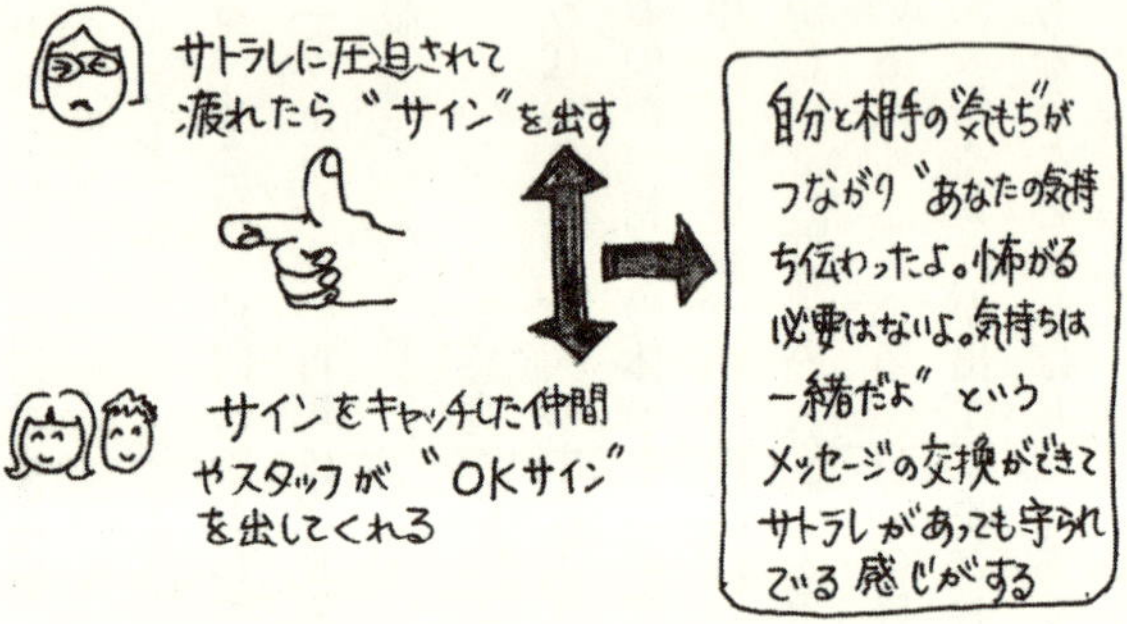

サトラレに圧迫されて
疲れたら"サイン"を出す
サインをキャッチした仲間
やスタッフが"OKサイン"
を出してくれる
自分と相手の"気もち"が
つながり"あなたの気持
ち伝わったよ。怖がる
必要はないよ。気持ちは
一緒だよ"という
メッセージの交換ができて
サトラレがあっても守られ
ている感じがする

分の思ったことなどを口にはできないために、何とか「サトラセ」を使い、相手に伝えているということも明らかになってきた。

この時点で、「サトラレ」というと、まるで受け身の感じで被害者のような印象があるが、実は違うことがわかってきた。結構、押しかけ的な感じなのだ。そこに垣間見えるのは、苦労とつらさの分かち合いを望んでいる〝吉野雅子〟の切実な願望である。

そして、仲間との話し合いの中で見えてきたのは、「相手と〝吉野雅子〟が同時に同じ気持ちを共鳴させることによって、人とつながっているという安心を得る手段になっているのではないか」ということである。

これを「ブーメラン効果」と名づけた。つまり、それは「安心の先取り」（図1参照）である。そして、そこで見えてきたのは「誰にも〝サトラレ〟ない、必要とされていないという絶対的な孤独感、孤立感」である。つまり、〝吉野雅子〟は、自分という存在を、誰かに「サトラレ」てほしかったのだ。「サトラセ」たかったのだ。

5．「サトラレ」に有効な〝「サトラレ」――OKサイン〟

「いかにして自分という存在を人に〝サトラセ〟るか」という実験プロジェクトは、べてるの講演会への参加という形でスタートした。人の中に入ることができなくて引きこもっていた〝吉野雅子〟が、自分という存在を世に知らせるという全く正反対のやり方に挑戦するのである。よりによって、講演の場所は日本で一番人口の多い東京である。

そこで、考案されたのが「〝サトラセ〟サイン」（図2参照）である。人混みの中で「サトラレ」の苦労が始まったら、仲間に親指を立てるのである。それをキャッチした仲間やスタッフも親指を立てて「了解、ＯＫ」とサインを返すというものである。

図3 「吉野雅子」の課題

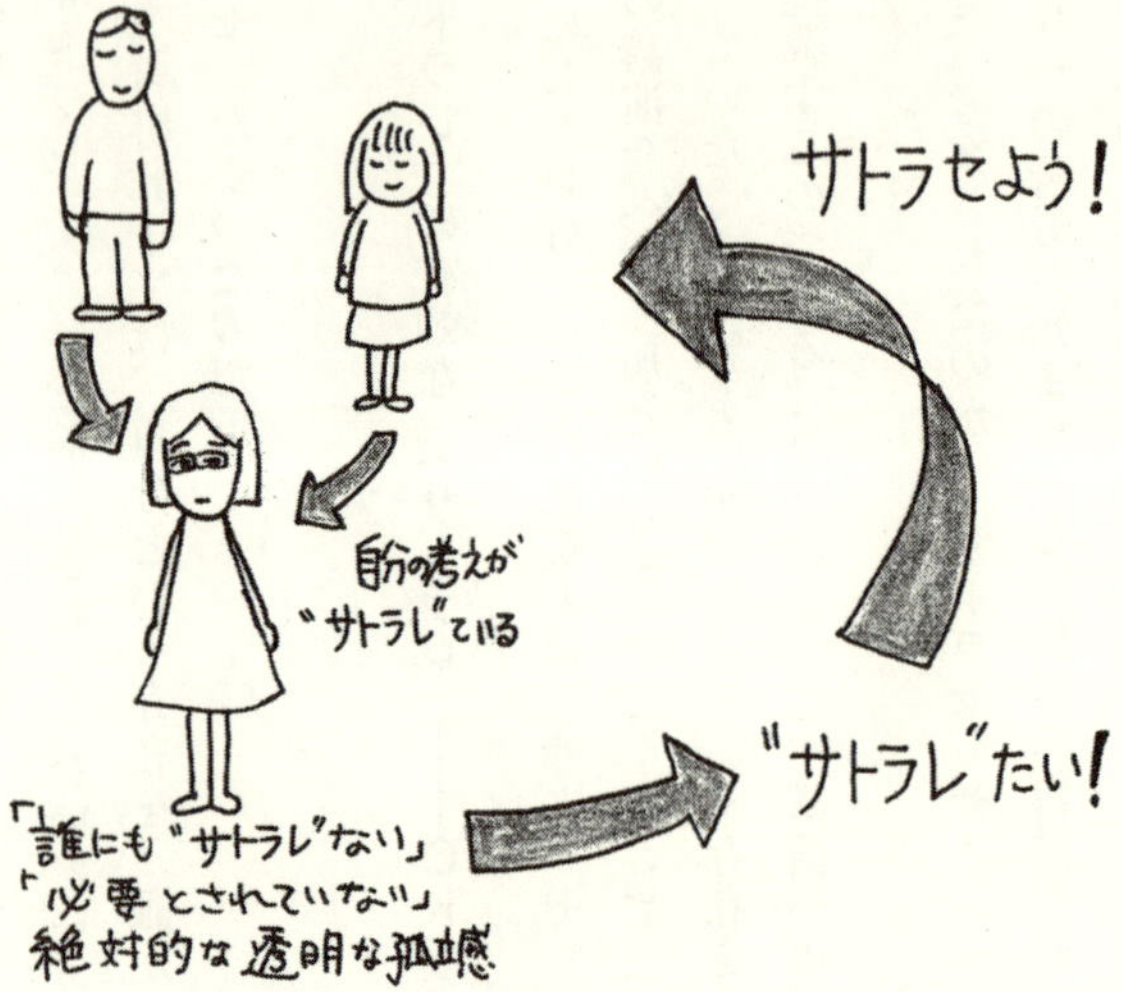
サトラセよう!
自分の考えが
"サトラレ"ている
"サトラレ"たい!
「誰にも"サトラレ"ない」
「必要とされていない」
絶対的な透明な孤独感

結論をいうと、効果はてき面であった。あれほど困難であった人混みの中にも、何とか入ることができたのである。自分と相手の〝気持ち〟がつながり、〝あなたの気持ち伝わったよ。怖がる必要はないよ。気持ちは一緒だよ〟というメッセージの交換ができて、「サトラレ」があっても守られている感じがした。

つまり、「サトラレ」の対処法として開発された「〝サトラセ〟サイン」は、そのような意味で相手とつながる具体的な方法として効果があったのである。さらにわかったのは、誰に対しても「〝サトラセ〟サイン」が有効なわけではない。「信頼関係」という土台があって、はじめて効き目があることもわかった。

6. 考察

今回の「サトラレ」の当事者研究を通じてわかったのは、相手の感情と自分の感情は別だということである。そして、苦しいときには、〝吉野雅子〟の〝サトラセさん〟と、上手に対話してなだめてあげることが大切だということもわかってきた。その意味で〝サトラセさん〟はとても人間好きであり、本当は人間と対話するのが大好きである。

〝吉野雅子〟のことも、とても好きになりたいと考えているような気がする。

〝吉野雅子〟の課題としては、上手に他人に依存できる人間になることが大事であり、自分のことを好きになってあげることかもしれない。そして、何よりも妄想だけじゃなくて、現実の人間と付き合う力を身につけることが大切だということを痛感した。

「起業の研究」

―虚しさガールズの起業物語―第一報

むじゅん社

発表者：山本賀代　秋山里子　長友ゆみ　木村名奈

協力者：今村弥生　伊藤恵里子　向谷地生良

1. はじめに

浦河のある北海道日高は、巷の景気上向きのニュースとは全く縁がなく、順調に過疎化が進み、働く場もなくなってきている。特に官庁関係の整理統合は凄まじい勢いで進み、あちこちに空いた官舎が目につく。

この街で、今、新たに浦河で暮らす〝虚しさ〟を共通体験として抱える四人の女性メンバーが、「起業」に立ち上がった。

ある占い師によれば〈山本賀代〉は今年最悪の年だそうで、物事をはじめるには最も適さない年らしい。そんな中、会社を立ち上げることになって不安になり、向谷地さんに「今年、あたし大殺界なんだよね」って相談したら「そんなことといったら山本さんの人生ずっと大殺界でしょ」といわれ、それもそうだと納得して「やるべきだ！」と思った。

四人に共通する生きづらさは、自己病名でいうと〝人間アレルギー症候群〟である。これは、自分も含めた人間に対して起きる拒絶反応で、抗原＝アレルゲンと化した〝人間〟に接すると、心身にさまざまな症状が出現し、生きていくことが困難になる一連の生きづらさの総称である。

べてるの家の起業に特徴的なのは、仕事やビジネスの成功とは全く縁遠い、むしろさまざまな失敗や挫折を経験したメンバーによって営まれてきたことであり、誰が考えてもうまくいくとは思えないのが、ポイントである。

その意味でも、このたびの起業の試みは、まさしくべてるの王道を行っている。しかし、過去の起業と違うのは、このたびの起業の試みは、一つの研究であり、実験であるところに特徴がある。

起業を志してから、ちょうど半年が経った現在までの歩みを、当事者研究を通じて振り返って見た。

2. 虚しさガールズのプロフィール

このたびの起業は、〝元祖人間アレルギー症候群〟の秋山里子、〝仮面何でも依存症〟で、物や人に過剰に依存し、仮面をつけて自分のことを無視して生きることが得意で困っている木村名奈、〝統合失調症魔性の女タイプ〟の長友ゆみ、そして、〝自分のコントロール障害〟の山本賀代の四人が、「仕事が続かない」苦労と「金欠」への危機感から始めた。

まず、最初に四人を代表して〈山本賀代〉の〝虚しさ〟の系譜と就労をめぐる苦労の一端を紹介したい。

●山本賀代のプロフィール

〈山本賀代〉は、このたびの起業において代表取締役に抜擢された。代表取締役が〝代表取り締まられ役〟になる可能性もはらんでの抜擢であり、最大の出資者でもあるが、今でも働くとか仕事という言葉を聞くだけで憂鬱になるくらい、就労に関してうまくいった試しがない。

その〈山本賀代〉の側には、いつも〝虚しささん〟がいる。〝虚しささん〟との付き合いは、かれこれ幼稚園児のころからだ。その〝虚しささん〟と隣り合わせで、いつも「死」の風景があった。

小学校に上がり、祖母の死の場面に立ち会った。翌年、隣の家の私の一番の仲良しだった女の子が喘息で亡くなった。私はいつも何事もないように装いながら、〝あの子はどこに行ったんだろう。私はどうすればいいんだろう。何て簡単に人間は死ぬんだろう。そのくせなんて愚かなんだろう〟と考えてばかりいた。

そして次の年、祖父が死んだ。ある日突然、大事な誰かがいなくなってしまう。みんなそのときは泣いている。でも時が過ぎれば何事もなかったかのように平然と暮らす。そのことが不思議でたまらなかった。

小、中、高、大学では、自分はダメ人間で人生失格なのだと、深い絶望感に包まれながら過ごした。本当に自分は社会のゴミだとしか思えなかった。自分がたまらなく汚く醜く情けないように思えて、男性や酒や薬物を〝虚しささん〟に与え続けていないと、いても立ってもいられなかった。

浦河との出会いは、大学を何とか卒業し、たまたま友人を訪ねて浦河で暮らしはじめたのがきっかけであった。のんびり暮らそうと思ったが、最初のバイト先では、いつも責められている気がして仕事中に泣き出し、次のバイト先ではバイト仲間が私の悪口をいっている気がして、辞めてしまった。

そのころ、酒をあおり、眠れないといって泣いてばかりの私を、友人が浦河日赤病院精神科に連れていってくれた。私は、そこではじめて精神科を知り、べてるの人たちと出会い、自分と同じにおいのする人たちと出会った。一瞬ホッとしたが、すぐに「こんなはずじゃない、私はがんばればもっとできるんだから」と思い、実家に帰り就職した。

最初は経理の仕事についたが、さっぱり理解できず、電話番も声が小さ過ぎると怒られ、お茶くみや掃除の仕事もいやでしょうがなくて、三か月で通えなくなり辞めた。次は内装の仕事をした。女性経営者と二人で仕事をした。仕事は地味できつかったが一応いわれたことはできたし、一生懸命やった。いろいろやさしくしてもらったが、その人のことが憎くてたまらなくなってしまい、殺したい衝動に駆られ危険を感じて辞めた。

　そしてまた引きこもった。拒食し布団に潜りこみ、「母さんの子宮に帰りたい、死にたい！」と泣き続けていた。私は、やっぱり自分が生きられるのは浦河しかないと思った。

3. 研究の目的

　このたびの研究の目的は、〝人間アレルギー症候群〟〝自分のコントロール障害〟を抱えた当事者が、安心して仕事を継続する条件や方法を探ることである。さらには、浦河という過疎地域の中で、当事者の起業にふさわしい仕事づくりをすることである。

　しかし、本音をいえば、中心となっている〈山本賀代〉の金欠が深刻さを増し、働くこと、収入を得ることが切実なテーマとなってきたことである。

　ともあれ、「働く」ということが最大の難関で、ほとんど成功体験を持ち得ないという共通の苦労を抱える四人の〝虚しさガールズ〟が一堂に会し、話し合う中で、失敗ありの実験的な起業ということで、みんなの意識は固まった。

4. 研究（起業）の方法

まず、起業に向けた体制づくりとしてチームが形成された。山本、秋山、長友、木村の四人の〝虚しさガールズ〟の起業を支援する二人の女性スタッフ（精神科医、ソーシャルワーカー）と、二八年間、べてるの起業をバックアップしてきたソーシャルワーカーの向谷地氏が協力を引き受けてくれた。

そして、最初にミーティングを持った。ミーティングでは、自分たちの今までの就労の体験を語り合い、べてるを支援してくれた企業人や、べてるの家の今までの起業の進め方や運営の仕方のポイントを振り返り整理し、起業に向けた役割分担を行った。

起業の進め方としては、1. キーワードを考える　2. 起業理念を考える　3. 理念を反映した会社名を考える　4.「苦労の先取り」と「弱さの情報公開」　5. 事業内容を決める――自分の体験、趣味、こだわり、特技、病気……何でも活用　6.「三度の飯よりミーティング」の具体化――に沿った進め方をすることを確認した。

役割分担では、代表取締役に山本賀代、経理担当が秋山里子、広報と記録を長友ゆみ、木村名奈が担うことになった。そして、定期的にビジネス・ミーティングを開き、事業の進捗状況を確認し合うことにした。

ちなみに会社名は、侃々諤々の話し合いの中で、「人生は矛盾だらけだよね」のひと言から「むじゅん社」と決まった。

そして、最初に取り組む仕事が、お馴染みの山本賀代と下野勉のユニット「パンチングローブ」のCDの製作であった。

5. 起業理念を考える

起業の理念を考える上で大切なことは、キーワードを決めることである。そこで、理念を話し合う前に、創業に向けたキーワードを出し合った。出てきたのは「過疎」「女性」「病気」「金欠」であった。

これらのキーワードをベースに、「理念出し」の作業を行った。これは、結構笑いながらの楽しい作業だった。今までの就労での苦労につきものだった「長続きしない」とか、自分を責める「マイナスのお客さん満員御礼」の状態の中で、人間関係が保てなくなり、仕事の把握も困難になって、結果的に仕事を辞める羽目になった経験に共通していたのは、「人の基準に合わせる」ということの難しさであった。

そこで自ずと出てきたのが、自分の基準で、自分の身の丈に合った会社を創造するというコンセプトである。そのような話し合いの中から以下の理念が生まれた。

●虚しさを絆に

以前は虚しさを埋めるために失敗を繰り返し、さらに虚しくなっていた。でも、あえて虚しさを解消しようとする試みをあきらめて、まず〝虚しさを絆に〟仲間をつくる。虚しさも捨てたもんじゃない。

●体と心にやさしい会社づくり

今まで自分と会社が体と心にやさしくなかったので、仕事を通して体と心へのやさしさを学びたい。

●いつでも廃業

〝自分を廃業したい〟衝動に駆られる中、それぞれの命が存続していることが会社の存続につながる。いつ会社を廃業しても生きていけるくらいのスタンスで働いていきたい。

●期待されない会社づくり
期待されたいけど期待されるとひどいプレッシャーを感じるので、期待されることを期待しない会社にしたい。
●安心してサボれる、潰れる、通える、語れる会社づくり
こんな会社は見たことないが、こんなことができないと自分が保てない。ありのままで順調と思えるようになりたい。
●命がけの苦労の体験が資本
失敗だらけの人生で、自分を責めるのが得意技だけれど、これまでの人生経験が何よりの宝であり、お金には変えられない資本である。

みんなの今までの経験の中から生まれた理念は、普通の会社では通用しないものばかりだったが、安心できる誇れる理念だった。そして、「ビジネスって、利益を追求しながら、人を尊重するってこれ、矛盾だよね」という語らいの中から、「むじゅん社」という会社名が生まれた。

6.「苦労の先取り」と「弱さの情報公開」

べてるでは、何をするにも大切にされるのが、「苦労の先取り」と「弱さの情報公開」である。起業に挑戦する中で、起きるであろう苦労や自分の抱えているリスクを積極的に公開するのである。それは、予想される人間関係の苦労や行き詰まりに向けた地ならしの作業である。

そこで出てきたのが、「完全にマイナスの〝お客さん〟にジャックされる」「人付き合いで、苦労する」「被害妄想が来る」「つらくなったらお酒に依存する」「いつの間にか、孤立する」「自分の感情を見せないようにしてアップアップになる」であった。そして、それをみんなで確認し合った。それで順調！　と。

7．事業内容

事業の内容は、それぞれの得意分野を生かして音楽ＣＤの作成、ビデオの作成、翻訳・通訳、出版、データ入力、研修の企画、べてる関連の安心グッズの企画・販売と決めた。これらも、べてるの家の活動とリンクした形で考えたものである。

8. 事業の開始

「むじゅん社」の社員は、究極の〝虚しささん〟を抱えている。〝マイナスのお客さん〟(思考)にジャックされやすく、自分の存在を否定するのが得意だ。ミーティングをしないと自分の世界に入りこみやすいので、週一回のメンバーミーティングと交換日記とコミュニケーションは、会社存続に不可欠な作業だ。

広報の長友ゆみは、初の会社ミーティングからずっとビデオを撮り続けている。初の給料日までを撮り続け、ドキュメンタリー風のビデオをつくっちゃお〜!! という目論見だ。

初めて舞いこんだ仕事は、札幌で開催される看護学会事務局からの「パンチングローブ(山本賀代&下野勉)」のCD三〇〇枚の製作であった。それを、同じ時期に行われる浦河でのべてる祭でも販売しようという計画を立てた。

メンバー四人と仲間の協力でCDをつくり上げた。全てがはじめての作業で手づくりだった。一つの作業をみんなでするというのは、つながり感があってうれしかった。札幌での格安のスタジオ（名前は〝クルースタジオ〟というところであったが、〝狂うスタジオ〟ということで大うけ！）探しから、レコーディング代、CDの材料費、札幌までの交通費の計算、利益の配分についての検討（アーティスト二〇％、会社の取り分四三％、消費税なし）など、やることが次から次へと押し寄せて結構忙しかった。

ちなみに、これまでのCD製作枚数は看護学会の記念版を含め三二〇枚である。すでに二九四枚が売れた。先日は、ライブ版の録音を東京の音楽喫茶で行った。滑り出しは、順調である。

9．起業の研究から見えてきたもの

〝虚しさガールズ〟四名で会社を立ち上げ、たくさんの〝お客さん〟（マイナス思

考）に邪魔されながらも、何とか「むじゅん社」が存続していることを本当にうれしく思う。先の見えない、不安だらけの世の中だが、「むじゅん社」がここにあり、みんなが周りにいるということの実感が今はある。そのことに希望を感じながら地道にやっていきたいと思っている。

これまでを振り返ると、何よりも、多くの人たちに助けてもらえる会社ができたことがうれしいし、みんなが休まる会社になったらなおうれしい。虚しさを絆に、金欠であっても、女性でも、病気を抱えていても、過疎の街に住んでいても、何とかなりそうな気がしてきた。

面白いのは、商売とは縁のないメンバーがCDの製作を通して、人とのつながりを取り戻しつつあることだ。各地の講演会や学会を通して新たな人と出会い、歌うことでまた人とのつながりを回復していく。どうやら、人はつながりなしでは生きていけない生き物らしい。

「むじゅん社」ができたことをきっかけに、一人の人間としての居場所ができた気もする。月並みないい方だが、目標を持ってみんなで一つのものをつくっていく喜びを味わうこともできたし、今まで以上にマイナスの〝お客さん満員御礼〟状態になっても、同じつらさを抱えている仲間だということで、わかりあえる大切さも実感できた。

何よりも、会社があることで、生活を〝引っ張ってもらっている感じ〟が心地よい。

そして、わかったことは、自分はやはり「仕事をしたい」「何かをやり遂げたい」という切実な思いを持っていたことである。

10. おわりに

今年の春先のことだった。〈山本賀代〉の取留めのない〝虚しい〟愚痴を聞いていたワーカーの向谷地氏が、「虚しさを絆に会社をつくろう!」という話を突然持ちかけてきた。最初はこの抱えきれない荷物の上に、さらに荷物を積むのかと恐ろしかった。しかし、他に生きていく方法がなく、実際にお金も稼がないとやばくなってきていた。

現在、「むじゅん社」をはじめて半年、あれだけ全身を支配していた〝虚しささん〟は、今〈山本賀代〉の肩の上にちょこんと座って、夜にボソボソとつぶやいている程度である。

今回の〝起業〟のそもそものきっかけは、一年前に、向谷地氏が札幌で行った看護師向けの講演会に、相方の下野勉氏を電話一本で呼び出し（べてるでは、よくあること）、事前の打ち合わせもないままに即興でつくった〝ありのまま〟という曲を歌わせたことだった。歌い終わったら、CD三〇〇枚の注文が舞いこんでいた。

人の縁とは不思議なものだ。この世は一人ぼっちのようで実はいろんな人がいろんなつながり方をし、絡まり合って生きているらしい。

向谷地氏は、その人間の竜巻を、世の中からはみ出し気味な病気の人のところまでわざわざ届けてくれる「竜巻親分」なのだ。だから私は下手な抵抗をせず、「むじゅん社」という竜巻の渦の中で暴風、暴雨にさらされながら、人と手をつないで生きていくことにしよう。

「むじゅん社」の絆を深め、おまけにいつの日か社会に貢献する道具になりますように……、神様よろしくお願いしまっせ！

「救急車の乗り方の研究」

発表者：福島孝（通称：Ｄｒ．福島）
協力者：伊藤知之、向谷地生良

1．はじめに

僕の自己病名は「不安発作爆発攻撃型・統合失調症救急車多乗タイプ」です。べてるとの出会いは、五年前にフリースクールのスタッフらと一緒に訪ねたことからはじまりました。

その後、二〇〇四年の夏前に病院の主治医の先生とうまくいかず、幻聴さんにも困るようになりました。そこで、べてるの向谷地さんに相談すれば助かるのではないかと、思い切って１０４で電話番号を調べて夜に自宅に電話をしました。

このころは、精神的に体調が悪くなっていて、今は良くなってきている感じもしますが、フリースクールとの関係もギクシャクしていました。そのときに教えてもらったのが、「べてるの仲間が使っている幻聴さん対処法」でした。

幻聴さんで一番困っていたことは、救急車に乗ってしまうことでした。幻聴さんが来て、散歩をしている間に「救急車を呼べ！　一一九番通報しろ！」と命令系の幻聴が入ってきます。救急車には、この一五年で三〇〇回ほど乗ったと思います。多いときには、一日四回、月二〇回は救急車に乗りました。

救急車を呼ぶことは、幻聴さんばかりではなく、不安発作がはじまり、病院に行けば治るという安易なことから利用するので、病院に行っても、応急処置をされて帰ってくる状況下に置かれていました。

一番早い時間で救急車を呼んだのは、午前二時に家の近くの公衆電話からでした。帰ってきて、午前四時にまた救急車を呼んで、家のベッドについたのは、午前六時でした。今思えば、「不安発作だ、病院に行かなくちゃ」という異常行動に駆られていました。

しかし、対処方法を教えてもらってからは、幻聴さんがきたときは幻聴さんに怒るのではなく、丁重に「今日は僕はやりたいことがありますので、お帰りください」と伝えると、ピタッと幻聴さんが薬よりも何よりも効いて止まりました。そして、そのときから救急車に乗らなくてもよくなりました。

二〇〇四年八月に家族と僕と三人で、横浜から浦河に行きました。浦河では向谷地さんとホテルのレストランで会って話を聞いてもらい、本格的にべてるとつながったのです。そこで一緒に研究をはじめようということになり、電話をいつでもかけてくれていいよといわれ、電話番号などを教えてもらうと、それだけでかなり安心しました。

それから一年が経って、講演にも行くようになりました。そこで、みんなに薦められて「救急車への乗り方の研究」として今までの苦労をまとめてみました。

2. 苦労のプロフィール

昔、学校でいじめられていたころのことを思い出します。いじめられて、学校に行きたくありませんでした。家族にいくらいじめで学校に行きたくないといっても、その意思表示が伝わらず、学校で酷いいじめにあっていました。

学校に行こうと思うと、吐き気がしたり、お腹が痛くなったり、精神的なものによる、拒否反応が表れるようになっていました。

学校に行きたくないので、朝、何度も小児科医の診察を受けましたが、どこにも異常が見当たらない。親は遅刻してでも義務教育だから学校に行きなさいといったが、僕は義務教育などなくせばいいのにと思ったことがありました。

それで一五歳のころ、〝爆発〟して家庭内暴力、不登校、車・バス体当たり事件、公衆電話破壊事件を起こし、近所のおばさんの紹介で、近くにある精神科病院へ受診を薦められましたが、入院をことごとく断り、家での爆発行為は続きました。「どうしてうちの子がこんなになるのか」と母は泣いていました。

僕が考えた学校に行かない方法は、簡単にいえば、病気になることでした。そうすれば延々と学校が休めると思ったのでした。あと電車に飛びこんで死にたくなることもありました。しかも大好きだった京急電車に飛びこもうとしたことがありました。

ある日、人の目を引き寄せたいということで、駅の公衆電話から一一〇番通報をして「今から電車に飛びこむ」と通報したら、すぐに警察が公衆電話を逆探知して、場所を特定し、駅にパトカーが来て保護されたこともありました。一四歳のころでした。

昔から救急車を呼べとか、軽い幻聴さんがあったかもしれませんが、統合失調症とは病名がついていなく、ずっと心因性反応、精神遅滞障害で治療を受けてきました。内科・小児科の医師に聞いたら精神遅滞障害には、精神安定剤は必要ないよといわれました。逆に同じことを何度も話してうるさいからという理由で、安定剤で抑えられていました。時には強い安定剤を使われていました。

3．研究の方法

研究の方法は、今までの経験をまとめて、べてるとメールでやり取りしました。講演にも行くようになり、自分の体験を多くの人たちの前で話すことを続けてきました。電話での相談ややり取りも何回もしました。そのことを通じて、救急車をめぐる僕の苦労の意味が、少しずつ、わかってきました。

4．救急車との出会いと救急車の乗り方

最初に救急車に乗ったのは、不安発作が起きたときで、病院に行けば治るんじゃないかと思い、救急車を呼びました。最初先生は救急車に乗ることを怒っていませんでした

が、回数が重なり、段々と「救急車で来ないで、バスやタクシーでいらっしゃい」というようになりました。

でもそれを無視して、早く行きたいという勝手な思いもあり、救急車のスタッフは「大丈夫ですよ」と親切にしてくれるので、とてもうれしくて、救急車で都内の病院の精神科に入りました。そのように回数を重ねるうちに、段々救急車にはまっていきました。

家族との関係は、最初のころは、父と母も心配してくれるのですが、僕が救急車で病院に行った後に救急外来から母に電話があって、病院に迎えに来てくれたのですが、その後、お説教をされてしまったこともありました。家族間の関係はぎくしゃくしていましたが、それでも救急車を呼びたくなる衝動が抑えきれずに、何度も呼んでいました。

僕には特に説明がなかったのですが、救急車を使ってくるほどのものでもないと医師から家族に説明があったらしく、「救急車を使ってはいけない」といわれましたが、いけない、だめだといわれると、余計に「救急車を呼んで、親を困らせてやろう」という自分の中の小悪魔が出てきて、自分でも困っていました。

一番悪いことをしたと思うことは（ごめんなさい！）駅からのバス代が財布になく、

警察に精神科を受診していると話したら「救急車を呼んで病院に行くんですね」といわれて、やっぱり救急車で病院に行きました。

自殺未遂で薬をたくさん飲んで救急車で運ばれたときには、救命救急外来に到着したら、指定医が「自傷他害」の恐れがあるとの診断をしていたのですが、苦しい中で静かにしていれば大丈夫と芝居を打ちました。「自傷他害」にはなりませんでしたが、胃洗浄をして、運よく精神科の病棟が満床なので、内科の病棟に一日緊急入院で泊まりました。

病院に着いたらおとなしくしているのが、コツです。いい子を演じるのも大変な苦労です。下手に何かいえば、医療保護入院とかにされるか、任意入院の手続きをとられてしまうという不安がありました。

ここで、後ろめたさと近所迷惑を考慮しながら、救急車に乗り続けるために考えた救急車の乗り方をまとめてみました。

①救急車に乗りたい衝動を感じたときは、近所迷惑を考えて、住んでいる神奈川県から、わざわざ都内の品川駅まで電車で行き、公衆電話から救急車を呼ぶ。（家から一度呼んだことがあって、家の近くに救急車が来て近所のひんしゅくをかった。それで、家

の近くの公衆電話から、SOSボタンを押してから救急車を呼ぶか、電車で遠くに行って呼ぶようになった)

②救急車がやってきたときには、不安発作が治まっていることが多いのだが、呼んだ手前、何だか悪いので、なるべく苦しさを持続させるようにがんばる。

③変な病院(特に精神科)に連れていかれないように、搬送先の病院を指定する。だから、どの地域から救急車を呼んだらどこに搬送されるかを、事前に調べておく。

④症状は、と聞かれたら「息が苦しい、お腹が痛い」という。特に何回も乗るときには精神科に連れていかれないように「お腹が痛い」を強調する。

以上が、救急車に乗っていたときに工夫していたことですが、救急車への多乗には、副作用もあります。それは、お腹が痛い、息が苦しいといって病院に運ばれると、救急車の車内では、心電図がつけられたり、脈を測ったり、血圧を測ったりして、救急隊員に「大丈夫ですよ」といわれながら病院に搬送され、CT・MRI・採血・尿検査をして、レントゲンともなると体がチェルノブイリ状態です。

約二年で一〇〇回。一日に多いときだと、四回乗ったこともあります。三回目くらいからは、病院にも「来ていただいても状態はそんなに変わりませんよ」といわれ、再診療のみで帰ってくるときもあれば、「点滴やりましょうか」といわれて、点滴をやってもらったこともありました。

胃潰瘍の疑いで、内視鏡も飲みましたが、検査結果は急性神経性胃炎で、内科ではこれ以上対処できないので、紹介状（診療情報提供書）を書くからと、神経科に受診を薦められました。それでも無視をして、内科、だめならば脳神経外科に救急車で入っていたこともありました。

そして、一番困ったことは、高額な検査料の支払いと帰りのタクシー代です。ですから、いくら救急車が無料だといっても、その後にかかる費用が馬鹿になりませんでした。

5. なぜ救急車に乗りたがるのか

なぜ、救急車に乗ってしまうのか。それを解明するのが、今回の研究の一番の目的です。そこで、向谷地さんからメールで質問を送ってもらい、それに答える形で「メール・インタビュー」をしました。とにかくいえることは、不安発作・病気＝病院というメカニズムが、今までの苦労でできあがっていました。そのメカニズムと背景を以下のように考えました。

①救急車は、建前は緊急だから、赤信号を突破して病院へ向かう。前を走っている車がいっせいに避ける様は、「王様になった気分」だった。その優越感にはまった。

②特に、新しいタイプの救急車が入ると無性に乗りたくなってしまって、ムズムズしはじめる。ちなみに、救急車の値段は、二〇〇〇万円くらいするそうだ。

③親と喧嘩をしたとき、「救急車を呼ぶから」というと「それだけはやめてほしい」といって形成が逆転する。

④不安発作がつらいときには、やはり救急車を呼ぶと安心した。

⑤幻聴さんから「救急車を呼べ」とからまれたときに、救急車を呼ぶと一応収まるので、やめることができなかった。

⑥話し相手がいなかった。

⑦劣等感があった。

⑧ずっと病気のままで人生が終わってしまうのかという不安があった。

救急車に乗るということは、後悔があっても、以上のすべてが一時的に解消される特効薬でした。

6. なぜ、救急車に乗らなくなったか

一五年間、多いときで月二〇回、そして延べで三〇〇回以上は乗らざるを得なかった救急車に、向谷地さんや、当事者の伊藤知之さんに電話を入れて話を聞いてもらったり、「救急車を呼べ」という幻聴さんへの自己対処（丁寧に幻聴さんにお帰りいただくように頼んでみる）を試みたり、講演で体調がいいときに話すことで、救急車に乗ることより自分のやることができた感じがして、幻聴さんも楽になり、救急車に乗らなくてもよくなりました。電話サポートがかなり有効だったのです。今、考えると本当に不思議な気がします。

救急車に乗らなくなり、逆に気になり、消防庁の救命救急担当に、救急車を多乗利用したことを謝罪にうかがいましたが「お気になさらなくて結構です。これからもご利用ください」といわれました。

今は、道で倒れて困っている人がいると、救急車を呼んであげるほうになりました。

もしも自分が医者であれば、その人と一緒に病院まで行くだろうなと思うことがあります。

なぜ、救急車に乗らなくてもよくなったのか。話し相手だけだったら、今までも一応、聞いてくれる人はいました。でも、幻聴さんの話をするとみんな引いてしまい、「それは、先生に相談したら」とよくいわれました。

しかし、精神科の先生との付き合いで「決して本当のことをいわない」ということを心がけている自分としては、いえませんでした。薬を増やされるか、入院を勧められるのではないかという不安がいつもあったからです。

今は、薬は安定剤一錠、睡眠薬二錠です。先生に内緒で医学書を見て、自己調節です。うまくいっています。都会の精神科医には、本当のことをたくさん話さないこと。本当のことをたくさん話せば、薬はどんどん増えていきます。この安定剤にしようか、あの安定剤にしようかという具合にです。現に僕も約一五種類以上の薬を精神科で処方されていたことがあります。

人とのありのままのつながりが、僕を救急車から解放してくれました。

7．おわりに

人口が二〇〇〇万人近くはいる関東で、僕は生きることができなくなって、頼る人も見つからなかったのに、人口一万五〇〇〇人の北海道の過疎地・浦河で人とつながることができたというのは、面白いなあと思います。都会のほうが、絶対に田舎よりも恵まれているはずですが、僕の場合は、逆でした。

これからは体調に合わせて、どんどん講演などの活動にべてるの関東スタッフとして参加していきたいと思います。二〇〇四年一二月ごろから約一年間、べてるの講演会に当事者の一人として講演デビューをしましたが、最初、精神障害者というと自分でも、社会から排除される怖さがありました。

でも自分の病気のことを知り、病気の研究をしているうちに、障害者も働ける人は働いているし、病気でありながら薬を飲んで、無理なく動けば大丈夫かなと思えるようになりました。べてるの講演を聞きにいっているうちに、そして家族にもべてるを少しずつ知ってもらっているうちに、病気であっても大丈夫！　順調だと思えてきました。

他にも当事者、その家族でお困りの方がいましたら、ぜひべてるの講演を聞きにいらしてください。そして一人ではないことを知ってほしいと思います。障害者でも講演をやっているうちに、精神医療はべてるが最先端なので、とてもいい情報が入ってくるし、精神神経科に対して暗いイメージがないので、安心していられることに気がつきました。

これからも体調に無理なく、講演を続けていければ幸いです。二〇〇四年の夏、父と母も一緒にべてるを訪ねてくれたことに感謝しています。ありがとう。

電話サポートで向谷地生良さん、伊藤知之さんに支えられていることに感謝しています。ありがとうございます。

●福島孝のプロフィール

一九七二年横浜に生まれ、二〇〇四年一二月からべてる講演デビュー。向谷地さんが名づけたべてる講師でのあだ名は、物知りということで「Ｄｒ．福島」である。これからも自分の中の主治医として、「Ｄｒ．福島」は病気の研究をしていきたいと思います。

「どうにも止まらない涙の研究」

べてるしあわせ研究所
発表者：吉田めぐみ（通称：よしめぐ）
協力者：文珠四郎・弥生　秋山里子　川端俊　向谷地生良　加藤木祥子
岩田めぐみ　大濱伸昭　鈴木とみ子

1. はじめに

私の自己病名は「慢性涙腺ゆるみっぱなし症候群自分いじめ型」である。とにかく、場違いな場所や場面で涙が出て困っている。それも感情とは無関係に涙が出てくるのである。しかも、それがだんだんエスカレートしてきて、仕事や人間関係にいろいろと支障が出てきている。

主治医の川村先生にいわせると、「目が失禁している」とのこと。自分なりにも、弱いからすぐ涙が出るのだと思い、涙を出さないようにと強くなる努力をしてきた。例えば、泣きそうな場面になると、必死に我慢したり、その場から立ち去ったり、トイレに閉じこもり、自分を落ち着かせようとしたりと、それこそ〝涙ぐましい〟努力をしてきた。

その結果、「目の失禁状態」はもっとひどくなり、周りにも「涙でごまかすんじゃないよ」といわれて、そんなつもりじゃないのに、涙が止まらないことを説明できないもどかしさで、自分に腹が立ち、嫌気が差すという悪循環にはまっている。

そんなとき、たまたま参加したデイケアの当事者研究ミーティングで、みんなと一緒に「涙の研究」をする機会に恵まれた。今回はそこでの研究成果をまとめて報告したい。

2. 苦労のプロフィール

「よしめぐ」は、北海道生まれで、今年で二〇歳になる。浦河に来てちょうど五年が経つ。一人っ子で、生まれてから親の仕事の関係で東京と北海道を行き来し、三歳のとき、親が一回目の離婚をし、母親について母親の実家がある東京で暮らすようになった。

離婚などのいろいろなストレスが原因で、母は精神の病を抱えるようになり、入退院を繰り返すようになった。その間、「よしめぐ」は、児童養護施設に預けられた。時々、入院中の母親が施設を訪ねてきて「まだ、退院できなくてごめんね」と泣きながら謝られた記憶がある。子どもというのは、親に泣かれると逆に泣けないもので、母親が帰ってから、一人部屋で泣いた。

六歳のときにどういう経緯かわからないが、両親が復縁することになり、再婚して北海道に戻ってきた。そして、小学四年まで祖父母、両親の五人で暮らした。しかし、それは、新たな苦労のはじまりでしかなかった。嫁姑問題、親子喧嘩、夫婦喧嘩などの問題が、毎日のように目の前で繰り広げられ、家庭はいつも崩壊寸前であった。

そこで、嫁姑問題を解消するために、小四から親子三人でアパートに引っ越したまではよかったが、今度は夫婦喧嘩がますますひどくなり、いつも泣いてばかりいる母と怒る父を、「よしめぐ」がなだめるという役割を、毎日の仕事のようにがんばってやっていた。

このような修羅場を生き延びるための手段は、学校の成績が喧嘩の原因にならないように勉強をがんばることと、父親からは母親の愚痴「あんな母親にはなるな」を聞き、母親からは父親の愚痴「あんな父親のような大人にはなるな」を聞くという調整役に励んでいた。このころから生きているのが嫌で、いつの間にか学校も苦痛で居場所がなくなり、人の中にいると頭痛と腹痛が起きて、休み時間になると保健室に足を運んでいた。

中学一年の夏には、夫婦喧嘩が起きると家出する母親について、一緒に家出に付き合うことが多くなった。母親に「一緒に死のう」といわれ包丁を見せられたときにも、母親の苦情を冷静に聞く自分がいた。その反動から、トイレの壁に頭を打ちつけたり、鉛筆の芯で手を傷つけたりしていた。

そのころから、本格的に学校に通えなくなり、父親の薦めで母親が通っている精神科を初めて受診し、学校を休んで精神科デイケアに通う毎日がはじまった。

そんな中、中学三年のときに、両親が二度目の離婚をした。その結果、母が入院して、「よしめぐ」は再び児童相談所に送られることになる。母親が退院して、自宅に戻った後は、今度は母親との争いの毎日がはじまった。

そこで起きたことは、薬の大量服薬と意識消失と家出だった。結果的に、精神科への入院と児童相談所への入所だった。中学三年にもかかわらず、進路も決まらず、生きる力も、居場所もない中で考えられたのが、養護施設があり、べてるの家がある浦河行きだった。

浦河に来て、何とか高校受験に合格し施設から高校に通い出したが、体全体に緊張感が走り、空気を吸うこと自体が苦しかった。その結果、あれほど望んでいた高校生活だったが、友達もなかなかできなくて、いつも本だけが友達になっていた。施設にいても、学校に行っても毎日が憂鬱で、苦しくて朝汽車に乗れなくなり、また不登校がはじまった。

原則として、高校に通わない子は、養護施設にはいられないというルールの中で、新たに行き場を探すことになった。その結果、べてるの家のグループホーム「りかハウス」に入居し、べてるで働くことになった。

3. 研究の方法

研究方法としては、まず、デイケアの当事者研究ミーティングに「涙が止まらない」

という自分の苦労をお題として出してみた。「出してみた」といっても、たまたまデイケアに足を運んだら、当事者研究ミーティングに誘われて、お題を出すはめになったというのが真相である。

当事者研究ミーティングには、デイケアのスタッフ、メンバー、家族など一〇名以上が参加してくれた。そこで、①今までの苦労のプロフィールの整理、②自己病名を考える、③涙の役割、④涙のメカニズムの検討——の順序でミーティングを進めた。

4. 研究の目的

場違いな場面で、感情とは無関係に出てくる「よしめぐ」の涙は、結構やっかいな代物である。その場面に居合わせた相手と自分を同時に困惑させて、目的の達成を困難にさせる。現実に、一番困っているのが今やっているパン屋さんでのアルバイトである。何かを頼まれるたびに、涙が出てきてしまう。

「どうして、泣いているの?」と聞かれても、自分で説明がつかない。「涙が出てくる」からといって、決して「泣いている」わけではない。だから、いつもお世話になっている人たちに、ちゃんと自分の言葉で説明できるようになるために研究したいと思った。

5.「よしめぐ」のエピソードの比較調査

まず、口ぐせの「自分は浦河に来てからも何にも成長していないし、周りに迷惑をかけっぱなしで……」という発言の根拠を点検する作業を行った。そのために、一五歳で浦河に来た直後のエピソードと、最近のエピソードを比較する作業を行った。それを表したのが、表1である。

このようにまとめてみると、リストカットなどの目に見えるエピソードが大幅に減って、見えにくいエピソードに変わり「涙腺ゆるみ症状」が際立ってきていることがわかった。

その結果から「何にも成長していないし、周りに迷惑をかけっぱなし……」という理解には、根拠がないことが明らかになると同時に、「涙の研究」の必要性をあらためて感じることができた。

6.「涙」の役割とサイクル

まず、はじめに「涙の研究」の本題に入る前に、参加者で涙の果たす役割の再確認の作業を行った。参加者から思いつくままにあげてもらったのが、表2にまとめた「涙の役割」である。この作業を通じて、厄介な涙の役割を再確認できた。

そして、次に取り組んだのは、「よしめぐ」の「涙のサイクル」の解明である（図4）。このサイクルの解明は、河崎寛くんが取り組んだ「爆発の研究」以来、同じパターンで繰り返されるタイプの苦労のメカニズムを明らかにするために、不可欠の作業である。

この作業は、場面と心のお客さんの関係、そこで起きる身

エピソード	15歳	20歳
リストカット	○	×
多量服薬	○	×
乖離症状	○	×
引きこもり	○	×
物品破壊	○	×
過食・拒食	○	△
親への反発	○	×
家出	○	×
不眠	○	○
涙腺ゆるみ症状	○	◎

表1　涙のエピソード

・ストレスの放出
・目の保護
・汚れを落とす
・感情の表現
・相手が心配する
・人が遠ざかる
・人からガードする
・周りが黙る

表2　涙の役割

図4　「涙のサイクル」循環図

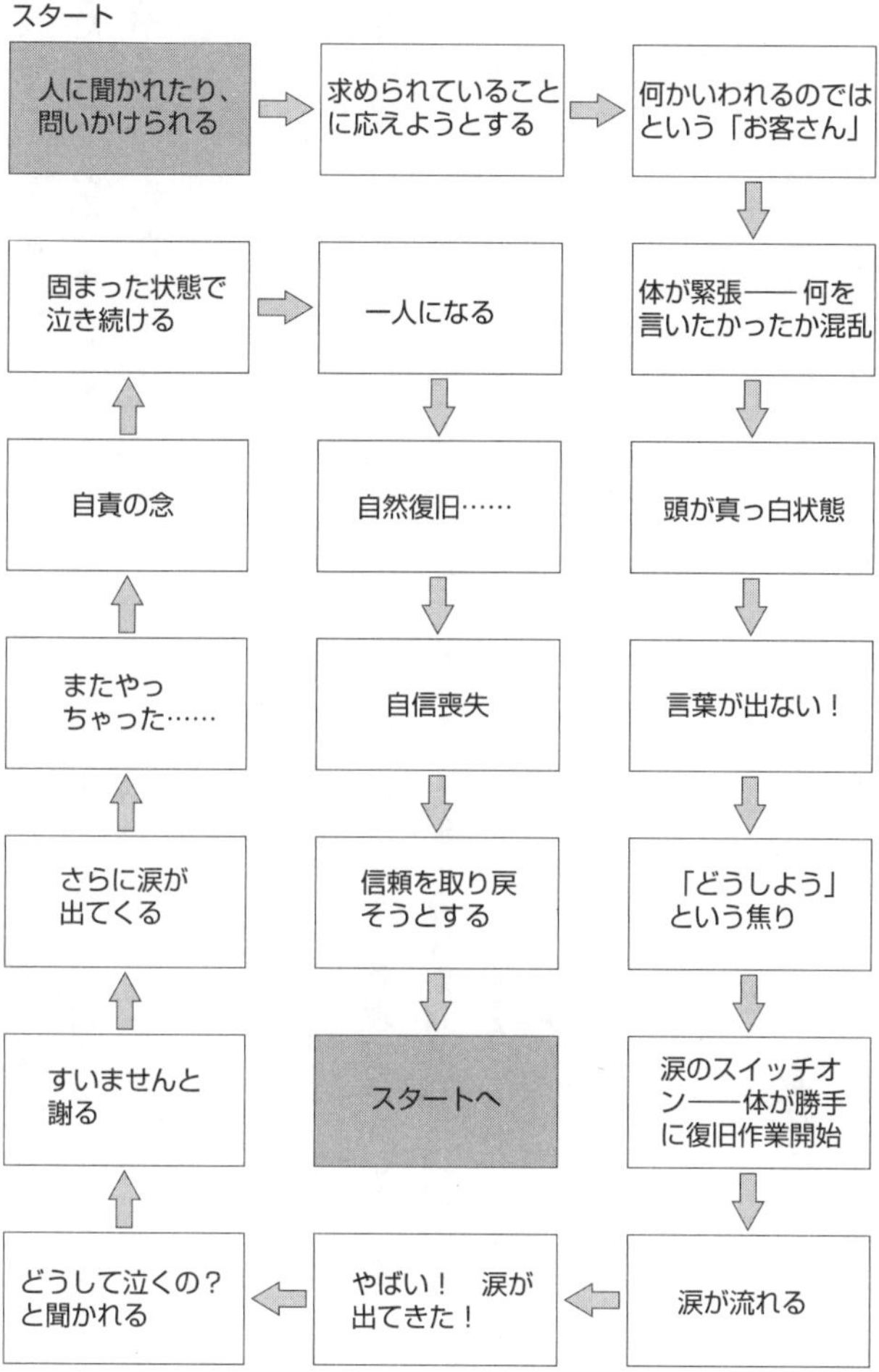
スタート
人に聞かれたり、問いかけられる
求められていることに応えようとする
何かいわれるのではという「お客さん」
体が緊張――何を言いたかったか混乱
頭が真っ白状態
言葉が出ない！
「どうしよう」という焦り
涙のスイッチオン――体が勝手に復旧作業開始
涙が流れる
やばい！　涙が出てきた！
どうして泣くの？と聞かれる
すいませんと謝る
さらに涙が出てくる
またやっちゃった……
自責の念
固まった状態で泣き続ける
一人になる
自然復旧……
自信喪失
信頼を取り戻そうとする
スタートへ

体反応と「よしめぐ」の対応、さらには周囲の反応などを、順序よく時間を追って整理したものである。この整理を通じて、「涙のサイクル」の循環における「よしめぐ」の苦労がよくわかった。

7. 研究の成果

今回研究に取り組んで見えてきたことは、涙のサイクルが整理できたことである。涙のサイクルが整理できたことで、説明しにくかった涙の意味が自分でも理解できたことと、周りに伝えやすくなったことである。これが、明らかになることで、どの場面で、どんな対処をすべきかという方法も今後明らかになってくるような気がする。

8. まとめ

人一倍、いかに自分が傷つかないかということのために自分が身に着けてきた生き方、感じ方の方法が、今になって、自分を苦しめる生きづらさとなっている。その意味で、「涙」というのは、自分を守るための過剰なセンサーの一つだと思う。しかし、今は、あまりそれに頼らない新たな方法を探さなくてはいけないと思いながら、逆に、「泣かない」という現実が想像できない自分もいる。それは、「回復」に対する恐怖と躊躇に近いもので、どうしても「生きていこう」とか「生きていっていいんだ」という思いが自分の中から出てこないもどかしさを今も抱えている。

そんな中で、手伝ってもらって当事者研究をした結果、年々涙の量が増え続けていること、今までの心のごみ箱整理がまだ必要なこと、実は涙を流している自分が、一番涙を苦手としていたことに気がついた。

考えてみると、昔から泣き続ける母を慰めながら、一方「強くなれ！」という父の間で、泣くことは弱いこと、人は強くなきゃいけないという暗黙のルールを感じながら毎日を過ごしてきた。そして、意味もわからないまま「強い人」をめざしてずっと必死だった。強くなれば、どうしようもない自分も、崩壊しそうな家もなんとかなるんじゃないか、自分も生きてる意味があるんじゃないかと思っていた。

でも、年々見えてくる自分の弱さ、汚さ、「大人」に対する不信と、周りの状況もひどくなって、どうにもならない気持ちに押しつぶされそうだった。自分のことが本当に嫌でそばにいてくれる人も信じられなかったから、涙と死にたい気持ちが、家族の話を聞くのに必死で崩壊しそうだった私を支えてくれる、唯一の味方だったんだと思う。

第三部　苦労や悩みが人をつなげる
——座談会「私たちにとっての当事者研究」

当事者研究に取り組むべてるの皆さん

苦労や悩みが人をつなげる

——座談会「私たちにとっての当事者研究」※この座談会は二〇〇六年に行われたものです。

司　会：清水里香　参加者プロフィール

メンバーの紹介：①年齢　②自己病名　③苦労のプロフィール

河崎　寛　①二八歳　②統合失調症爆発型　③「元祖当事者研究」で爆発のメカニズムの研究、爆発の直前は親に鮨を注文させるという仕込みも披露、べてる祭で最優秀新人賞受賞。

中山玄一　①三八歳　②統合失調症内部爆発型発熱タイプ常時金欠状態　③ちょっとのストレスで発熱し、意識が朦朧となって入院を繰り返していたが、ストレスと発熱の関連を研究。

伊藤知之　①三五歳　②統合失調症全力疾走型　③人間関係の苦労のメカニズムの研究

に取り組み、人の評価を得るための全力疾走から脱却する方法を編み出す。べてるの家の当事者スタッフとして、精神保健福祉士を取得するなど、当事者活動のリーダー的存在。

吉野雅子　①二四歳　②統合失調症サトラレ型　③自分の考えが周囲に悟られるという被害妄想に苦しみ、入退院を経験、べてるの家と出会い研究に着手、親指を立てるＯＫサインを利用して人の中に入るきっかけを見出す。べてるで昆布製品の製造を担当しながら、講演活動に参加。

秋山里子　①二九歳　②人間アレルギー症候群　③人と接することによって、気持ちや体にさまざまな反応が生じ、勉学や就職に行き詰まり、自傷行為を繰り返す。縁あって、浦河で暮らすようになり、当事者研究に参加。浦河に「人間アレルギー症候群」に苦しむメンバーの研究班を立ち上げるきっかけをつくる。むじゅん社の社員として活躍中。

西坂自然　①三〇歳　②他人の評価依存型人間アレルギー症候群　③札幌在住の当事者研究メンバーで、べてるのメンバーとの交流を通じて研究活動に参加、人格障害系の苦労の研究の道筋をつくる。幼少時よりさまざまな病気の症状を体験。人間アレルギーと他人評価への依存は続いているが、そのおかげで仲間が増えそうな予感もしている。高齢者ケアの現場で働きながら、当事者活動を札幌で展開。

山本賀代 ①三〇歳 ②自分のコントロール障害 ③子どものころから〝自分のコントロール障害〟に苦労。特に中学時代は学級崩壊の〝常習犯〟であった。国外逃亡を図り海外生活も経験するも、浦河に漂着しべてるの活動に参加。現在は、むじゅん社代表取締役として、当事者密着型の事業を展開中。

加藤木祥子 ①二八歳 ②魔性の女系人格障害見捨てられ不安タイプ ③いわゆる〝人格障害系〟の本流を歩み、幾多の辛酸を舐め、意を決して浦河に移住し当事者研究活動に参加、〝嫌われ松子系〟の分野の研究を開拓。

清水　里香 ①三四歳 ②統合失調症サトラレ型引きこもりタイプ ③七年間の引きこもりの後、人のいない地での暮らしに憧れ浦河に移住。浦河で、自分の〝話し好き〟と〝人好き〟に目覚めべてるの活動に参加。仲間の推薦で引きこもり中に施設長に抜擢され現在に至る。

吉田めぐみ ①二〇歳 ②慢性涙せんゆるみっぱなし症候群自分いじめ型 ③子どものころから、安心のない家庭生活を経験、養護施設等での暮らしの中で、自傷行為などに陥る。中学卒業後、浦河の里親の元で生活、べてるの活動に参加する。「涙」の研究に着手すると共に、むじゅん社の若手社員として活躍中。

スタッフの紹介：①年齢　②職名　③苦労のプロフィール

川村敏明　①五六歳　②精神科医　③浦河赤十字病院精神科の医師として、べてるの家の活動を見守ってきた。モットーは「治さない、治せない医者」。

向谷地生良　①五〇歳　②ソーシャルワーカー　③一九七八年に浦河赤十字病院のソーシャルワーカーとして、当事者活動の育成と地域生活支援に取り組み、べてるの家の発足に関わる。モットーは「相談するソーシャルワーカー」。二〇〇三年より、北海道医療大学で教鞭をとる。

高田大志　①二六歳　②ソーシャルワーカー　③二〇〇三年より赤十字病院のソーシャルワーカーの若手のホープとして活躍、学生時代の障害児の地域支援の拠点づくりの経験を活かし、精神障害者の地域生活支援体制の構築をめざして奔走。

大濱伸昭　①二四歳　②ソーシャルワーカー　③二〇〇五年より、精神科デイケアのスタッフとして日夜奮闘している。北海道医療大学向谷地ゼミの一期生で、学内のＳＳＴ研究会の会長を務めていた他、現在は、町のミュージカルサークルの代表としても活躍中。

池松麻穂　①二三歳　②ソーシャルワーカー　③二〇〇六年より、べてるの家のソーシャルワーカーとして働き、持ち前の行動力と的確な判断力は、新人離れの才能。当事者研究やＳＳＴのプログラムの支援をしている。

向谷地悦子　①四五歳　②看護師　③べてるの家の最古参スタッフで、べてるの歴史と共に歩んできた。現在も、生活支援の最前線で奮闘中。

勝手に人助けする「爆発の研究」

清　水：皆さん、今日は「私たちにとって当事者研究とは何か」をテーマに語り合いたいと思います。当事者研究は、これからもずっと続いていくので、永遠にやり続けるテーマだなと思っています。

向谷地：当事者研究のはじまりは、河崎君が五年前のべてる祭で、一連の「爆発の研究」によって最優秀新人賞を受賞して家族で寿司券をもらったときだよね。

河　崎：ああ、そうだね。入院中に爆発して、それで、公衆電話を壊したときに向谷地さんに、「今、一番謝るべき人は誰だと思う?」って聞かれて、両親って答えたら自分自身に謝るべきだっていわれて。そのときに「研究してみないか」っていわれてはじめたんだよね。

向谷地：それにしても、河崎君が「研究」に費やした五年という時間と実験に費やした〝研究費〟もすごいよね。〝研究費〟にどれくらい費やしたことになる?（一同笑い）

河　崎：いや。いいっすよ。

向谷地：河崎君は、並の研究者を凌ぐほどの、すごい〝研究費〟を費やしてるよね。

河　崎：そうっすね。

川　村：特に統合失調症という病気そのものは良くはなってないけれど、何が良かったんだね。何だろうね。研究ってね。

山　本：病気は良くはならないね（一同笑い）。

川　村：誰も良くなってる人はここにはいない！（一同笑い）

向谷地：昨日、東北に講演に行って来たんですけど、講演を聴きに来てくれたご婦人が私を訪ねてきて「河崎寛さんによろしくいってください」っていうんですよ。「私、河崎寛さんに救われたんです」ってね。うかがったら、息子さんが統合失調症の「爆発型」らしくて、このまま行ったら息子を殺すんじゃないかという切羽詰まったときに、『べてるの家の「非」援助論』の河崎君の「爆発の研究」を読んで救われたっていうんですよ。河崎君は、何にも治っていないのに、勝手に人助けをしていたんだと改めて当事者研究の威力に感心したね。

川　村：この間も、外来に来た爆発系の少年も河崎君の研究を読んできたね。

向谷地：実は、さっきその少年から電話があってね、「河崎寛さんに会いたい」っていってたよ。あの爆発のメカニズム読んだらね、俺と同じだって。それで、今日も順調に爆発してしまったんで、早く河崎君に会いたいっていっていたよ。その彼も、今、研究をはじめてるんですよ。

川　村：今日、爆発したの？（一同笑い）

向谷地：そうですね。「これからも大変だけれど順調に爆発するよ」って話しておきました。良かった点は、昔だったら大爆発だったのに今回小爆発ですんでるから不思議だって……。

川　村：爆発の研究をしてね、全国に爆発の苦労が蔓延してるってのがわかったね。

河　崎：そうですね。

向谷地：本当にそうだね。その少年がね、「今も爆発救援隊ってあるんですか、僕どうやったら入れてもらえるんですか」っていってたよ。どうしても、爆発救援隊に入れてほしいっていうんだよね。

川　村：最近、爆発系の人がよく来るね。今日も初診の人がそうだったけど。

早　坂：俺もね、今でもカー！となって壁蹴っ飛ばしたくなるんだよね。元祖爆発だけど、何年病気をやっていても、研究は終わらないね（笑い）。

向谷地：どうですか。河崎君、爆発救援隊の研究成果の反響についての感想は？

河　崎：うれしいですね。

中　山：僕も爆発救援隊の隊員なんですが、河崎君ともう一人のメンバーと〝爆発三兄弟〟で売り出しています。恥ずかしいんだけど（笑い）。

川　村：中山さんの爆発ってどんな感じ？

中　山：俺の爆発はねぇ、自己病名は〝統合失調症内部爆発型発熱タイプ〟といって、今まで外に出ない発熱型の〝内部爆発〟だったんだけど、この間、はじめて同じ住居のメンバーに腹が立ってキレて〝外部爆発〟になっちゃったんだよね。

川　村：ほう、進化したんだね。

中　山：そう、進化してきた（笑い）。生活に、あまりにもすごい干渉されたから、何かすごい爆発したくなっちゃって。

人とつながることで見えるもの

向谷地：玄一さんにとって当事者研究が、どのように役立っているか教えてください。

中　山：そうだね。研究することによって自分自身をわかるようになるね。面白いんだけど、仲間と研究していると、俺がわからないことを仲間がわかって、仲間がわからないことは俺がわかることが多いんだよね。そういう面で、お互いが持っている意見や、経験を交換することを覚えたね。

伊　藤：僕の場合は、みんなと研究していて自分の苦労には一定のパターンがあったんだということがわかったことが、一番の収穫ですね。最近は、いろいろなプレッシャーが襲ってきても、ポッキリと折れるような行き詰まり方ではなくて、荒川静香の〝イナバウアー〟のように〝しなり〟ができるようになってきたような気がします。そのことを、「いとう　のりゆき」の頭文字を取って伊藤知之の〝イノバウアー〟といっています（笑い）。僕のように親子関係で悩んでいる方も、僕の研究を参考にして、少しでも苦労を上手くかわせるようになる人が出てくると、河崎君の爆発の研究と同じように、僕の研究も役に立ってるんだなあと思うとうれしいです。

秋　山：そうですね。私の場合は、まず自己病名をつけることができたのが良かったですね。病院の診断名は「パニック障害」とか「うつ病」だったけど、自分で自己病名「人間アレルギー症候群」をつけられたのが良かったです。あとは自分の中で起きていることを自分の中だけじゃなくて、外に出してどういうことが起きていたかということを、自分で見ることができたのと、同じような症状の人が周りにもいて、自分だけじゃないというのがわかったのが良かったですね。

向谷地：秋山さんの苦労をきっかけに「人間アレルギー研究班」が立ち上がり、研究がはじまったんですよね。

秋　山：そうですね。なんか〝元祖〟とかっていわれます。
向谷地：それで、人間アレルギー系や、いわゆる最近の「嫌われ松子系」といういい方もされている「人格障害系」の女性メンバーが集まり、研究がはじまったということですよね。
川　村：〝茨城系〟とも呼ばれてるけど……（一同笑い）。
向谷地：この前、茨城で講演したときに、地元のソーシャルワーカーたちは、すごい悔しがって？いましたよ。だって茨城をにぎわせた〝優秀な人材〟が、次々に浦河に流出していることを知って、責任を感じているみたいですから（笑い）。
山　本：私は、「喧嘩の仕方」と「起業の研究」の二つ研究したんですけど、パートナーと繰り広げたケンカを通じてはじめたドメスティック・バイオレンスの研究ともいえる「喧嘩の仕方」は、今でも仲間からも読ませてくれとかいわれます。みんな付き合っている相手とのケンカの仕方に困っているらしくって。
向谷地：同じ研究チームの山本さんはどうですか？
川　村：その研究の結果を他の人で利用してくれる人がいるんでしょ。
山　本：そう。みんなが利用してくれる（笑）。やはり、研究をはじめて違うのが「昔、毎日が戦争、今、毎日が研究」という変化かな。

清　水：吉野さんは、当事者研究に取り組んだ感想は？

吉　野：私の自己病名は「統合失調症サトラレ型」で、自分の考えが周りに読まれるというつらさが起きたときに親指を立てて、仲間に知らせる〝サトラセサイン〟を使うようになったりしているうちに、何か安心できるようになってきて、今では徐々に使わなくても過ごせるようになりました。

向谷地：そうだね。はじめて東京の品川の街を歩いたときに使った〝サトラセサイン〟は、効き目があったね。

吉　野：そうですね。最初は怖かったけどね。本当にこれだけで楽になったんだよね（コレ→親指立てる）。

向谷地：これでね（笑い——親指立てる）。

吉　野：ホントにこれだけで。もうね、黒の世界がいきなり白になるくらい。これだけでいきなり白になって。それで普通にもう何もなかったかのように歩くことができてね。

向谷地：この技は特許取れるね（一同笑い）。

吉　野：あと清水里香さんが「サトラレ」っていう表現をいつも使ってくれているから、それですごく仲間がいる感じでうれしいですね。
向谷地：やはり、サトラレ系の人が他にもいたっていうのは大きいね。
吉　野：そうそう、清水里香さんに一目会いたかったね。
向谷地：憧れだった？
吉　野：憧れだったね。同じサトラレの人がいるということが信じられなくてね。「なんでぇ？」みたいな感じだった。地球上に自分以外にサトラレの人がいるっていうことが最初は信じられなかったから、うれしかったね。
向谷地：最近講演で行った先で、吉野さんのサトラレの当事者研究のビデオを見た精神科医が「衝撃的だ」といっていたということを聞いたよ。
吉　野：そうなの？
川　村：こんなに自分の症状を、自分の言葉で語れる当事者っていうのは普通の精神科じゃ見たことないよ。
清　水：私は「被害妄想の研究」をしたんだけど、テーマが就労だったり恋愛だったり、いろいろバージョンが変わるけれど「これは研究しなきゃ」とか、「これは相談しなきゃ」といつも考える癖がついたような気がするね。当事者研究をするまでは、自分の悩み、苦しみ、悲しみは人前で話していいものとは思ってなかったから、話すことができると人とつながれるというか、「この悩みは誰に話したら共感し合えるかな」とか、「この人に話してみたらどうかな」とか考えられるようになって、ワクワクしながら毎日仕事に行ったり、病院に行ったり、友達に会いに行ったりしているのは、やっぱり研究というパターンを自分の中でものにしたのはすごく大きかったなと思います。

向谷地：やっぱり、場所や時間に制約された研究ではなくて、考え方が研究的になっていくよね。

清　水：うん。普段からね。

吉　野：ワクワクするんだよね。今までは「うわ〜、生きるのか〜……」っていう感じだったけど（笑い）。

向谷地：秋山さんは、どうですか？

秋　山：自分以外の当事者研究のミーティングに出ていて思うのは、みんな、すごくどこか似ていて、どこか自分と同じところもあったりして、発見が多いですね。

自分の中でよくわからなくなっていることでも、見えてくることがある。

向谷地：もしかしたら、当事者研究はそこが一番のポイントかもしれないね。普段の考え方の枠組みが研究的になっていくんだよね。

山　本：私は、何か新しいことにチャレンジするとき、たとえばパンチンググローブがまたCDつくるっていうときに「また新しい研究だ」って思って、そういう感じでやってる。

川　村：自分の問題をちょっと突き放して、ちょっと距離を置きながら付き合えるっていうか。前はもっと問題そのものに巻き込まれていたもんね。

山　本：しかも、苦労はするんだけど無駄じゃないんだよね。ただでは終わらない。

川　村：しぶといね（笑い）。

山　本：うん、相当しぶとくなった（一同笑い）。

向谷地：そういう研究的な態度が大切なんだよね。研究を通じてだんだん身につくんだよね。どうですか、河崎君は。

河　崎：いやー、僕は「研究しても何も変わらないね」っていわれるんですよね（笑い）。

川　村：一見ね。

向谷地：その意味では、河崎君も、爆発を繰り返しながら五年もよく研究が続いているよね。その意味では、本当にしぶといね。

河　崎：しぶといって、僕だってまだ生きたいですよ（笑い）。

川　村：生涯研究者なんじゃないかな。

吉　野：それだったら生きていけるかもしれないね。

河　崎：でも、研究って、本当に面白いですよね。研究者ってドキドキ、ワクワクしちゃうな、今でも。

向谷地：河崎君と最初に会ったとき、本を読むのが好きだと聞いて、河崎君は、考えている人だなと思ったね。ただ、病気をやっていないなということを感じたね。

河　崎：「考える人」ですか。僕あんまり考えてないんですけどね（笑い）。

川　村：考える人だし、考えさせられる人だよね。河崎寛は（笑い）。

河　崎：そんな誉められた人間じゃないんですけど……。

山　本：それは知ってる（一同笑い）。

河　崎：でも、研究者になれたことより、やっぱり、こういう場に来れたことが幸せですよね。だから、今こういうチャンスもらったから一生懸命研究したりして力を蓄えたいですね。

向谷地：こういう場所に来れたというよりも、〃河崎寛〃が呼び水になって当事者研究がはじまったというのが面白いよね。

川　村：それはあるな。だって他の人から「河崎君と同じです！」っていう表現が出てくることが面白いね。そういいい方と同じように、誰かの研究と同じっていう表現が頻繁に出てくるようになったよね。

清　水：そういわれるとわかりやすいよね。

川　村：共通理解がピッと成り立つ！

専門家にも突きつけられる「当事者性」

向谷地：今回、東北に講演に行ったら『べてるの家の「当事者研究」』とか『「べてるの家」から吹く風』とか『「非」援助論』とかをすごく読んでいる家族がいて、病院のワーカーさんとか看護師さんとかの話聞いて「もうアホらしくて、アホらしくて、〝あなたたち非援助論読んだか！〟って、腹を立ててしまいました」という人がいましたね。「勉強足りないですよ。あなたたちは！　非援助論とか当事者研究読みましたか！」とあまりの不勉強ぶりについつい興奮して怒ってしまいましたっていうんですよ。だから家族の人たちのほうがむしろ、目が肥えちゃっていますね。

川　村：また評判下がるね。一方で評判が良くなって一方で評判が悪くなるね（笑い）。

向谷地：その意味で「当事者研究」には、現場の専門スタッフは、とても意識しはじめているような気がしますね。

川　村：だんだんね。当事者研究とか非援助論のことが多少なりとも知識として入ってから来ている人は話すことも変わってくると思うね。当事者研究がはじまって何年か経つけど、私が感じるのは当事者研究をやりはじめた人たちは、いわゆる、あまり治そうとしなくなってきたという感じがするね。もっと大事なことをやっているような感じがする。「治す気なくなった」というのは悪い意味じゃないんだ。放っておくという意味でもなくてね。病気を抱える本人が、すごく研究的な態度で、しかも当事者目線っていうのかな。それまでは健常者を目標にしてとか、あるいは医者がどう見ているかとか、病気以外の人たちを基準にしてものを見て判断して頑張ってきたんじゃないかな。そうすると、それに応じて医者も病気の症状があるとそれを少しでも減らさなきゃいけないんじゃないかとがんばってしまう。治療っていうのはそういう関係で成り立っていた気がするんだけど、当事者研究がはじまってすごくわかりやすくなったね。見かけの症状を語る言葉だけじゃなくて、言葉の背景や悩みや苦労のきめ細やかな表現みたいなことが、みんなと研究してるから人に伝えようとする言葉がとても適切でわかりやすくなってきているな。逆に考えているのは、当事者研究が進んできて「精神科医は何をすればいいんだろう」ってことだね。ごく自然に考えざるを得ないことが普段、自分の中に起きている。研究がはじまるとそれぞれのそういう人たちと接する立場、私は医者としての立場であるけれど、非常に影響を受けるからね。「研究してる人たちと研究的な態度で物事を見る」という必要性が私にも生まれてくるね。

清　水：その意味では、「当事者」という概念は、べてるの場合は、別に病気を抱えた本人に限らずに、専門家も含めた概念になってきているということだよね。

川　村：そうそう。だから「当事者」というのを、ただ病気の人たちという意味にしてしまわないことが大事だね。次に研究的であるってことがとても大事になってくると思うね。それと「当事者性」という概念に、はじめて「自分の視点」、「自分の考え方」という中身がついてきたって気がするんだよね。もちろん、以前からずっと病気を抱えた人としての当事者が多く集まっていたんだけれど、当事者研究がはじまって〝本当の当事者らしさ〟が出てきたね。当事者として抱えているテーマときっちり向き合う姿勢・方向性が生まれてきたことが「当事者性」という言葉をより明解な意味のあるものにしてきた。先が楽しみだね。

向谷地：そうだね。面白いことに病気を抱えた人たちが自分を当事者と呼んで当事者研究をはじめたことで、専門家という立場の人も「自分の当事者性」について考えるきっかけになったということだね。

川　村：人の目線を気にかけて、相手に合わせることじゃなく、自分という視点で物事を考えられるようになってきた。私たち治療する側も当然「自分」というものを考えなきゃいけなくなってきた。自分のやっていることに疑いを持たなきゃいけないし、考えを深めていくことが当然の流れとして生まれてくる。こういう流れがないと、大げさにいえば日本の精神医療は変わらない。精神障害という世界はそういう視点がないと少しもいいものが見えてこない。いわゆる健常者や治療者をモデルや目標に合わせていたら、いつまで経っても障害者は「まだ健常者に及ばない人」みたいな扱いになってしまう。

当事者研究は障害者の新しい文化

向谷地：では、次に、べてるの家の久々の新卒のワーカーとして当事者研究の世界に飛び込んできた池松さんの感想は？

池　松：勤めはじめてまだ五か月くらいですが、私は他の世界も知らないのでギャップがよくわからないんですけど、みんなが当事者研究の発表を通して、私が何も聞かなくてもみんな自分の世界を教えてくれる。そういうのはすごく助かっています。

向谷地：べてるでも、当事者活動として行われてきた「当事者研究」を、きちんとしたプログラムとして取り入れたのは最近なんですけど、現場の変化はありますか？

池　松：当事者研究に参加している人が、自分を語る力をすごくつけてきたと思う。今まで「苦労は特にないです」といって、自分の過去の苦労や病気についてミーティングであまり話さなかったメンバーが、当事者研究に参加して、仲間の苦労話を聞く中で、具体的な自分の苦労を話せるようになってきたんですよ。人が語る場面を聞いて自分の体験を話せるようになってきたんじゃないかと思います。

向谷地（悦）：べてるは、とっても研究テーマが豊富なんですよね。毎日毎日、テーマが生まれるんです。それを単に「相談」で終わらせるのではなくて、研究することによって、波及効果が大きいですね。

向谷地：大濱君は、デイケアのスタッフとして、当事者研究を結構プログラムとして取り入れていますけれど、感想は？

大　濱：僕は、全く新人のソーシャルワーカーとして現場に入ったんですが、とにかく、当事者研究に助けられたというのが、正直な気持ちです。デイケアの利用者が抱える生きづらさに、一緒に向き合って研究をしていくというのは、メンバーの乗りもいいですね。

向谷地：病院のワーカーの立場から高田君の感想は？

高　田：最近、河崎さんや中山さんとやり取りしていて思うのは、当事者研究は、常に、現実のテーマとセットになって両輪で動いているということですね。河崎さんは、もちろん研究でがんばっているけど、一方では入院中の患者さんとして抱える現実とも向き合っているんですよね。河崎さんは今、退院を視野にべてるの住居ミーティングに参加しているんですが、他のメンバーにはっきりと「研究してるらしいけど、ちっとも良くなってないじゃないか」っていわれて落ちこむんですよね。でも今まではそのようなプレッシャーに対して「爆発する」という対処をしてきたけど、いけるなって思ったのは「投げ出しそうだ。爆発しそうなんだ」って夜に河崎さんが電話をくれたことですね。その後しばらくして「俺もう一回ミーティングに行くよ」って。あの粘り強さは、あー両輪がうまく回っているんだなって感じましたね。

川　村：研究って粘りだよね。

高　田：そして、中山玄一さんというピア・サポーターがついて、現実にも味方がついたんでようやくバランスがとれてきたのかなと思います。

向谷地：河崎君、どうして心にグサッとくるような、一番いわれたくないことをいわれながら、へこたれないで「またやろう！」という気持ちになれたの？

河　崎：住居ミーティングに行くときは、とりあえず何も考えないで行こうって思ったんです。まず、行くことだけに重点を置いてね。厳しい言葉をいうメンバーも、病気もあって強さもあるからあんまり絶望しないね。

清　水：病気がもし良くならなくても、研究をやり続けている限り楽しいもんね。だから別に良くなっていなくても、次から次へと「問題」は起こるし、次はどういう感じでやっていこうかって考えていれば面白い。

向谷地：良くなるためじゃないんだよね。

河　崎：僕もみんなで話しているのが楽しいからがんばりたいなって思う。

川　村：「良くしてくれる病院」とか「良くしてくれる先生」がいる町ではこんなことはやらないよ（笑い）。当事者研究の世界は、良くなるとかならないってことを超えた世界なんだよ。

河　崎：新しい文化って感じがしますね。将来広まっていく感じがするね。

川　村：「障害者文化」といってもいいかもしれない。健常者に合わせていこうって考えていたら文化ができない。自分たちなりの価値観・考え方があっていいいんじゃないいだろうか。みんな意識してないかもしれないけど最近そういう力強さを感じる。

広がる「人格障害」の輪

向谷地：今日は、札幌から「人格障害の研究」に取り組んでいる西坂自然さんが来てくれました。西坂さんは確か主治医の先生に「他のお医者さんにみてもらえなくなるからカルテに人格障害って書かないでおくからね」っていわれたんですよね。

西　坂：自己病名「他人の評価依存型人間アレルギー」の西坂です。こっちに来て人格障害の人たちと話をして基本的にどんな仕組みで人格障害の人が苦労しているかを研究しました。言葉にしないうちは苦労が自分の内に溜まっていく感じがして、四苦八苦している感じだったけど、ここ数年べてるに関わってきて、苦労を言葉にするってことに慣れてきて、当事者研究で同じ苦労の人とつながりが増えていって、今までの苦労も活かしていけるし、みんなとつながりも増えて良い効果がたくさんありました。

清　水：人格障害って楽しそうだよね。

山　本：楽しくないよ（一同笑い）。

川　村：いわゆる「人格障害」というのは〝精神科泣かせ〟っていわれていて、みんなは経験してると思うけど、被害者と加害者のような、大抵ひどい目にあったとかひどい目にあわせてきたとか見えないけど、研究的な立場に立って考えると、今べてるでは「統合失調症」と「人格障害系」が二大政党みたいになってるよね。「人格障害グループ」は民主党よりは元気が良い（一同笑い）。こういう見方が自分たちにできるのも、当事者目線で考えたとき、一人ひとりにどんな苦労があるのか、それはどんなパターンなのかって好奇心が沸いてくることに新しさがあるよね。こんなふうにはじまらないと、結果的に西坂さんのように「人格障害って隠しておくね」という考え方しか生まれない。浦河では、ここで人格障害を隠していたら、もったいない。研究しようということになる。何かに使えるんじゃないってね。方向性が全く違う。単なる治療法としてではなくて、一人ひとりが自分の問題として受け止められるかどうかってところにも新しさがある。

向谷地：いわゆる人格障害といわれる人たちの輪が広がってきたのは、秋山さんの登場がきっかけだよ。

川　村：秋山さんは、ものすごい量の薬を飲まされて、がんじがらめになっていたから。

秋　山：そうですね。今の私は、当事者研究をはじめて、今現実と自分の世界の視野が広がってきた半面、頭の中でどんどん離れていく力も同時に働くという感じで、今後のテーマですね。

向谷地：それでは、一番新しいところで、加藤木さん、浦河に来ての感想とか研究してみての感想とかお願いします。「嫌われ松子系」の苦労ということで研究がまとまったばかりですが……。

加藤木：最初に向谷地さんに、自分の苦労を「嫌われ松子の一生」という映画に引っ掛けて「嫌われショウコの一生」といわれたときはショックだったけど、最近はすごく慣れてきました。前までは、あんまり先生にも自分の苦労全部は話せてなかったんだけど、この間、山本賀代ちゃんに自分の苦労を全部プロフィール打ってもらって、そのときはじめて二八年分の苦労を全部話せたって気がしました。私がべてるを知ったのは賀代ちゃんが最初で、父と母が「浦河ってところには、〝世界レベル〟の人格障害系の人がいるよ。浦河に行ったらやれるかもしれないよ」って励まされてきました。祥子は日本規模だから浦河に来るきっかけになったのも、自分の過去を洗いざらい話したのも賀代ちゃんで、なんか運命的だなって。

川　村：研究がなかったら、まだまだいえなかったでしょ。

加藤木：やっぱり、本当の自分を話したりするのが恥ずかしかった。なるべく見せないように見せないように生きてきたから、恥ずかしいし人の目も気になるし…。

山　本：今回は真っ裸だね（一同笑い）。

川　村：研究は相手にわかるように伝わるようにしなきゃいけないから、リアリティがあってきめ細かいからすごくいい。

向谷地：研究だから話せるってこともあるよね。

川　村：治療だったら話せないね。
山　本：研究だから聞けるし（笑い）。
川　村：嫌われなかったら生きていけなかったんでしょ？
加藤木：周囲に嫌われることでエネルギーを得て生き延びてきた。
清　水：なんか普通じゃないっていいね（笑い）。
川　村：私も外来にいて治さないっていいなって思うもの。治すこと期待されると何を治せばいいんだろうって思う。いいのにこのままで。あと研究だけだなって。いろんな角度からものを見られるっていいね。
向谷地：吉田めぐみさんの「涙の研究」もインパクトあったね。
山　本：そういえば、よしめぐ、最近泣くことが減ったよね。その分話すのが増えた。
吉　田：泣くのが減ったかどうかは自分ではよくわからないけれど、泣くサイクルを人に説明できるようになったから、それが結構大きかったね。それに、〝よしめぐといえば泣くだけ〟っていう印象があって、それが嫌で言葉で会話できるようになりたかった。今の共同住居「きれい荘」は、私が泣いていても、みんなは笑っていて相手にしてくれないし（笑い）。

川　村：涙の出し甲斐がなくなったでしょ。自然に卒業してきたんじゃないかな。

吉　田：まだ自信はない（笑い）。

生きる苦労は永遠

向谷地：本当に、これから当事者研究は、日本に、そして世界に広がると思うよ。「TOUZISYA KENKYU」ってね。最初は河崎君と「ちょっと自分のことを研究してみようか」という感覚ではじまったけど、やっているうちに「あ、つながりだ」っていうことにみんなが気づきはじめて、一人じゃないし、一人だけでやっては旨みがないということとの発見から「自分自身で、共に」の視点が見えてきて「当事者研究」に進化してきたんだけれど、そのさきがけとなったみんなの研究は、その意味でとても大切な一歩だったと思うね。

川　村：研究が成り立つような基礎を長年やってきたものね。ミーティングとかを通して話す力とか自分の病気について詳しくなるとか、下地みたいなものはべてるではずっと大事にしてきていた。それが研究という言葉にピタッとはまった感じだね。たまたま河崎寛という、もう研究するしか他に道がない人が現れてくれて、研究が方法論として実った。問題とか苦労や悩みって、ただ治すんじゃなくて、もうちょっと有効に活かすものだっていう考え方だよね。べてるで長年大事にして、みんなでそれぞれやってきたことが研究という枠の中で、こういうふうにつながるんだということが見えてきた。そういう段階、収穫の時期が来たんだね。何を大事にしてきたかってことだね。

清　水：よく「当事者研究やりたいんですが」という質問を受けるけれど、どう答えたらいいかわからなくて。けれど、何を大事にしてきたかってことなんですね。

川　村：早く問題をなくすとか、早く病気が良くなることよりも、問題が見えてきたときに「がんばってきた結果だね」とか「がんばってきたから行き詰まる」とか、マイナスじゃなくてこれがプラスとして考えて良いっていう面がすごくあると思う。そういう思考が常に活かされてないと、気がつくと問題解決のほうにばかり向かってしまう。当事者が一生懸命なり過ぎても、周りが一生懸命なり過ぎても必ず追い詰められていく状況がある。

吉　野：私はそれですごく助けられた。研究をやりながら、賀代ちゃんが「全部無駄はなかったんだよね」っていってくれたのがすごくうれしかったね。逆に「治ったらどうなるんだろう」という不安があったね。もし私の体感幻覚が治ったら、世界中の音楽家と交信ができなくなっちゃうから寂しいね（笑い）。

向谷地：奇跡的に病気が治っても、生きる苦労は永遠ということで、それぞれにとっての「当事者研究」はずっと続いていくからね。これからは、ネット配信で続くことになりそうだね。べてるのスキルバンクも立ち上がりそうだし、「人格障害系」の市場は広いよ。楽しみです（笑い）。

清　水：それでは、時間も来ましたので、この辺でみんなの「当事者研究」の座談会を終わります。これからも「三度の飯より、当事者研究」の精神で行きましょう。ありがとうございました（一同拍手）。

浦河べてるの家を紹介した書籍など

『第1集「べてるな人びと」』
向谷地生良著　一麦出版社

『べてるの家はいつもぱぴぷぺぽ』
すずきゆうこ著　McMedian

『べてるの家の映像文庫 Vol.01　ようこそべてるへ』
McMedian

『DVD べてるまつり in 浦河 2008
幻覚&妄想大会 等　2枚組』
McMedian

『「べてるの家」から吹く風』
向谷地生良著　いのちのことば社

『DVD + BOOK 認知行動療法、べてる式。』
伊藤絵美・向谷地生良著　医学書院

『DVD + BOOK 退院支援、べてる式。』
川村敏明・向谷地生良著　医学書院

『べてるの家の「非」援助論』
べてるの家著　医学書院

『べてるの家の「当事者研究」』
浦河べてるの家著　医学書院

『「べてるの家」に学ぶ――鼎談　向谷地生良・
川村敏明・清水義晴』
博進堂文庫

『悩む力――べてるの家の人びと』
斉藤道雄著　みすず書房

『とても普通の人たち――浦河べてるの家から』
四宮鉄男著　北海道新聞社

『降りていく生き方――「べてるの家」が歩む、
もうひとつの道』
横川和夫著　太郎次郎社

『変革は、弱いところ、小さいところ、遠いところから』
清水義晴著　太郎次郎社

向谷地生良
（むかいやち・いくよし）

ソーシャルワーカー。北海道医療大学看護福祉学部臨床福祉学科教授。一九五五年青森県生まれ。浦河赤十字病院勤務を経て、一九八四年、当事者・有志と共に、地域活動拠点・浦河べてるの家を設立。以来、精神障害を抱えた人たちと地域づくり、街づくりに取り組み、精神医療・福祉の世界に、新しい風を起こしている。

生活人新書 199

安心して絶望できる人生

二〇〇六（平成十八）年十一月十日　第一刷発行
二〇一〇（平成二十二）年二月五日　第四刷発行

著者　向谷地生良　浦河べてるの家

発行者　遠藤絢一
発行所　日本放送出版協会（ＮＨＫ出版）
〒一五〇―八〇八一　東京都渋谷区宇田川町四一―一
電話　（〇三）三七八〇―三三二八（編集）
（〇五七〇）〇〇〇―三二一（販売）
http://www.nhk-book.co.jp　（ホームページ）
http://www.nhk-book-k.jp　（携帯電話サイト）
振替　〇〇一一〇―一―四九七〇一
装幀　山崎信成
印刷　光邦・近代美術　製本　三森製本所

ISBN978-4-14-088199-6 C0236

さらりと、深く。——生活人新書　好評発売中！